介護も高齢もこわくない

『高齢格差』にさようなら
みんなが楽しくなる
パフォーマンス心理学
52のヒント

佐藤綾子 パフォーマンス心理学 博士

Gakken

プロローグ

「介護するのも、されるのもイヤ？」

「年をとるのはしかたがないけれど要介護にはなりたくない」とは、中年以上の人がよく言う言葉です。そんな気持ちが高じて、PPK（ピンピンコロリ）などという造語も誕生しました。

高齢化への多くの人々の切ない気持ちがにじみ出ているようです。急速な高齢化に伴って、介護者も施設も足りない現実があるからこそなおさらでしょう。その深刻さを数字でお示しします。

誰が想像したでしょうか？　2015年に、14歳以下人口を75歳以上人口が上回り、2020年の東京オリンピックの頃には、私を含む団塊の世代はみんな70代。2025年には街を歩く人の10人に1人が75歳以上になっているなんて。

そこで、すでに40年近くも人間の自己表現と心理の関係を研究する「パフォーマンス心理学」を専攻している私としては、何かここに問題解決の糸口がないかと3年ほど考えていました。

そして見つけたのです。今の日本の高齢化社会は、単に人口構成からくる必然ではなくて、「高齢」および「介護」に対する根本的な考え方とその実行スキルがわかっているかどうかで、結果的に明暗が逆転することを。

その証拠に、赤ちゃんのときはみんな一律にハッピーです。それなのに、加齢とともに幸福感の差が大きくなります。これを「高齢格差」と名付けましょう。

では、高齢化自体を幸福ととるか不幸ととるか。さらには、もしも介護が必要になったら介護する人もされる人も介護を幸福ととらえるか、不幸と考えるか。高齢化も介護も、今の社会ではもれなくセット販売のように人間についてくるものだとしたら、これをできる限りポジティブなものにするにはどうしたらよいのか。そう考えると、今後の課題がはっきり見えてきます。2枚の図表を見てください（図1、図2）。

図1　「高齢格差」を作る心理差

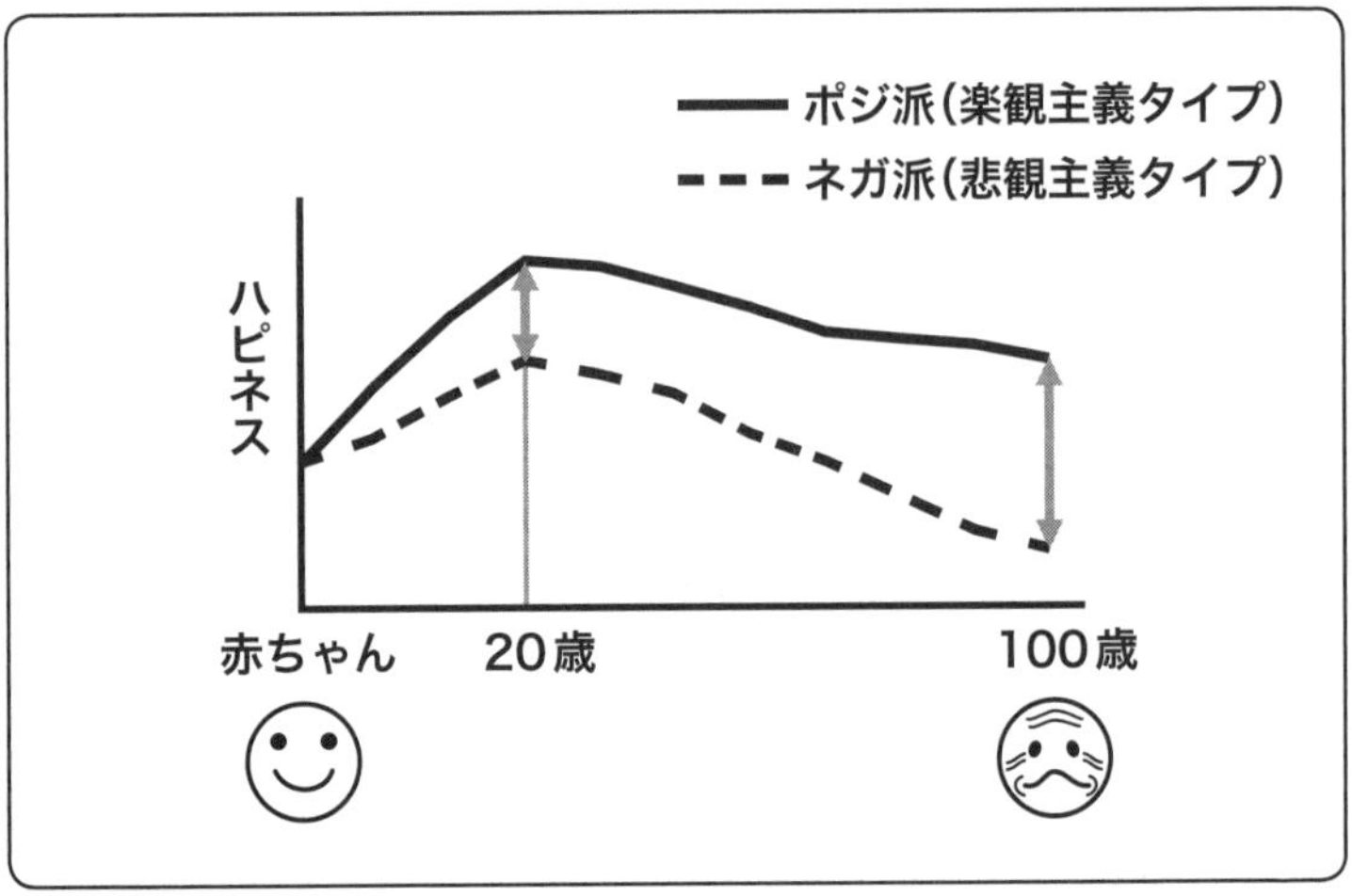

ここでのポジ派（楽観主義者）とは、心理学的にいえば「能天気（楽天家）」とはまるきり違います。楽天家は人生には不幸は起きないと信じていて対策は一切考えない人、楽観主義者は人生に不幸は起きるかもしれないがそのときに自分は切り抜けられると考えていて、また事実そのように行動する人です。私の手元には、両者の違いの研究データもあります。

実はこのたび、この考え方とスキルを証明するために、とても難易度の高い実験研究を組み立てました。「高齢者における笑いの効果の実験研究」（2016．Vol．4－2 日本健康医療学会誌、佐藤綾子他）です。

図2 「高齢格差」のパフォーマンス

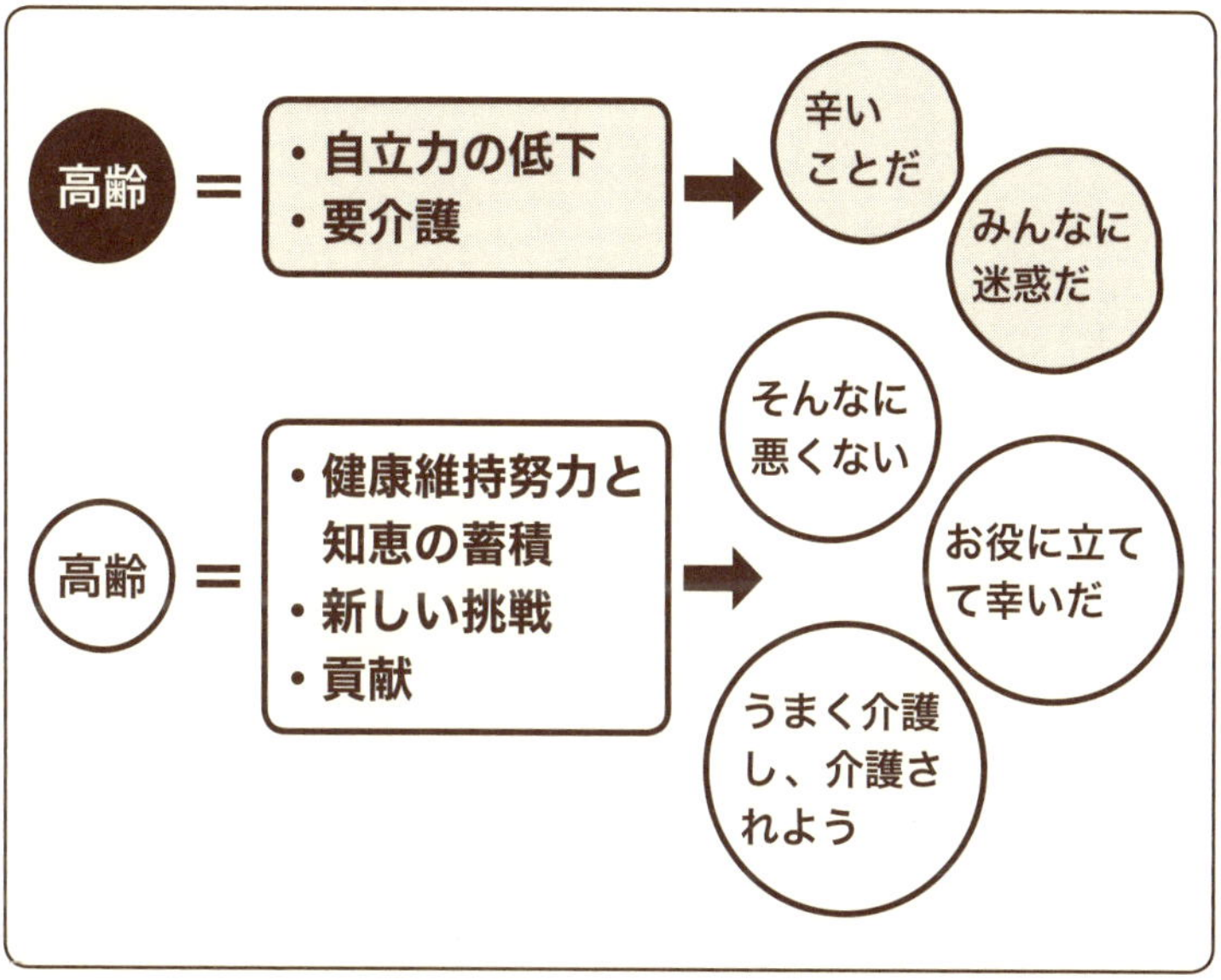

詳細は後述しますが、平均75歳の後期高齢者に「ラーフタイム」という笑いの時間を8日間で2回もち、血中酸素濃度や表情筋の活動などを含む6項目の変化をみたものです。結果は驚くほどのプラスの効果でした。

きっと読者諸氏の身辺にも、あるいはご自身にも共通のことがいえるでしょう。考え方がポジティブでよく笑い、大きな声でよく話し、表情をよく動かす人は健康でよく働いています。いくつになっても何かに夢中で何かの社会貢献をしています。

具体例を挙げたらきりがないので、本文でそのつど紹介するとして、2例だけご紹介しましょう。尊敬する佐藤元彦先生のお誘いでいつの間にか私が発起人になり理事になっている組織に「九十九会」（ツクモカイ）があります。99歳まで元気で社会に貢献しようと思う65歳以上の会です。そこに80代の北澤艶子さんがいます。不動産業のパイオニアとして創業から現在会長として活躍し、趣味のダンスとシャンソンではプロ顔負け、「私には今日行く《キョウイク》と今日用《キョウヨウ》がある」と笑っています。

さらに卑近で恐縮しますが、高齢力を発揮するのはふつうの市民で十分だという例として、私の叔父を紹介します。94歳、妻亡きあとも自転車で買い出しをして炊事もし、昨年までは海外旅行にグループ参加して今も大変な読書家です。読書は「介護されるときに頭も大事だからボケ防止に」というわけです。

高齢格差社会を上手に生きるには、どうやら個人の考え方や生活スキルが大切なようです。そこで個人的には、どうも「老後」というよく使われる言葉が「老いたあとの人生」みたいな響きであまり好きになれませんから、本書では「高齢期」という呼称を使います。

＊

本書の目的は次の2つです。

❶誰にもくる高齢期を明るく楽しく受け止めるための知恵とスキルを身につけること

❷介護が必要な場合は介護者と介護される人の両方がストレスを感謝に変える知恵とスキルを身につけること

本文を読まれる中で笑いと、人との上手なコミュニケーションを武器に、これ以上社会の「高齢格差」を広げないように楽しい人生後半を生き抜きましょう。本書がこれから年をとるすべての人と、誰かを介護中のすべての人にすこしでもお役に立つことを願っています。

介護も高齢もこわくない
みんなが楽しくなるパフォーマンス心理学52のヒント　目次

第2章

「笑い効果」を積極的に使う

「75歳笑いの実験」のエビデンスとヒント 43

第3章

介護の相手と最大限楽しく向き合う

今すぐ使えるパフォーマンススキル

第4章

介護プロは職場幸せの達人

第1章

加齢は誰にもやってくる

楽しく年をとるために今から「高齢力」を身につけよう

「高齢力」って何？

忘年会や新年会などさまざまな席にいくと、誰が上座に座るのかがけっこう問題になります。うまく偉い人が上座に座ればいいけれど、たまたま新入社員や若い人が上座に座ってしまうと、「諸先輩を差し置いてこんなところに座ってすみません」などと言います。あるいは、結婚式や何かの周年行事のスピーチでも同じことがいえるでしょう。スピーチの順番が若い人になってしまうと、ここでまた、「諸先輩を差し置いて若輩の私のスピーチで失礼いたします」と言います。これは一体何を意味しているのでしょうか。

以前、中根千枝さんが『タテ社会の人間関係』および『タテ社会の力学』という2冊の本を書いて、「タテ社会」という言葉が日本の社会学上、大きな旋風を巻き起こしました。

タテ社会とは簡単に言えば、会社に先に入った人が偉い、同じようにこの世に先に生まれた人が偉い、つまり先着順ということです。そうすると、高齢になって若者よりも年が上ならば、それだけで偉いということになります。

でも、そんな年齢順の判断ではなくて、若者にはないけれど、高齢者にはよりたくさんある素晴らしい力をここでは「高齢力」と命名します。この高齢力は、先に書いた先着順のほかに、少なくとも三つの大きな能力を含むものだと私は考えています。

第1は、「**人生を統合する力**」。昨今、「あの会議であの決定が通ったのは、上司の気持ちを忖度《そんたく》したからですよ」などと言って、「忖度」という単語が今年の流行語になるのではないかというぐらい流行っています。

忖度とは、はっきり明文化されているわけではないけれども、相手の気持ちを推し量ることです。人生経験が長ければ長いほど、目の前の相手の言葉の裏読みができます。人生全体を統合（integrate）して、「本当はこの人は何を言いたいのか」、あるいは、「この事件は根本的にはこんな原因がある」というように類推をしていくわけですが、この忖度する力は高齢力の最たるものでしょう。

第2は、「**はぐくむ力**」です。「育む」という字のほかに「羽包む」という文字がありま す。羽で包んだりして若い者を育てていく。こんな育てる力も高齢力の特徴でしょう。自分が若くて育ち盛りであれば、まだ自分が育っていくことに精一杯で、人を育てるところまでは手が回りません。

第3は、「**判断力と言語**」。これはセットで1つの力と考えていいでしょう。例えば今、AIで脚光を浴びている「Ponanza」の作者である山本一成さんは、その著書の中で、「何だってAIのほうが優れている世の中が近く来る。でも、人間に残されたのは、言葉と論理しかないんじゃないかな」と述べておられます。言葉と論理というのはいずれも、今、目の前で起きていることを正か悪か、善いことか悪いことかと論理的に判断し、そして、それを言語化する力です。

山本さんが「言葉と論理」と言っているのは結局、判断力とそれを言語で表す力です。これまた高齢力。若者よりも高齢者に軍配が上がるでしょう。判断材料になる事例が年齢の分だけ多いのですから。

ボキャブラリーも同様。そもそも「忖度」などという言葉は、なかなか若い方々は使えない単語です。語彙が増え、今どの単語を使うのが正解かと考えることができ、物事の道筋が判断できる。この統合的な判断力、あるいは論理性は、まさに高齢力の売りだと思われます。

そう考えたら、年をとるってそんなに悪いものじゃないと思いませんか。むしろ、昔より今のほうが増し加わっている力だと高齢者は胸を張りましょう。

現代日本が「高齢力」を活かせない理由

高齢力ってすごいんだ、と言ったあとで恐縮ですが、今の日本はなかなか高齢者が自分の高齢力を誇り高く言えない状況が続いています。その傾向はそもそもアメリカから発生したＩＴ社会です。何かにつけてパソコンやスマホの仕組みがわかっている人、フェイスブックやブログやメルマガがどんどん発信できる人が自分のビジネスを成功させたり、仲間をたくさん作ったりできる時代です。

私も大学の学生たちを見ていて思うのですが、ろくすっぽ説明書を見ないで、次々とパソコンの新しいソフトを使いこなしています。彼らはＩＴの申し子のようにして生まれてきているので、説明書などなくてもPCやSNSの利用は上手にできるわけです。

高齢者はそんな時代に育ってこなかったので、なかなかここが難しい。そこで、若い人々に「これはどうやってやるの？」と聞いたりするわけです。若者からすれば、自分たちだけで高スピードで進めていきたい作業を、高齢者が横から、そこがわからない、あそこを教えろと言うわけですから、つい教える人、教わる人の立場がこの世への先着順とは逆さまになります。

でも、もしもそうであっても、高齢者にはこれとは別に若者に教えられることがあるのですから、「これでチャラだよ」と考え直して胸を張りましょう。卑屈にならなくても大丈夫です。実は私もそうやって胸を張っています。


同じ分野の能力で競争しようと思わないで、若者の力を上手に借りながら、高齢者は高齢者だけが持てる能力を誇り高く使っていきましょう。

みんなの未来は「高齢格差」縮小から

痛ましい事件がいっぱいあります。街を歩けば杖をつく人が増え、さらに収入も少なかったりすると、居住地自体に差がついてきます。

昨今、貧困層の高齢者が住んでいるアパートがいくつも火災になり、そのたびに逃げ遅れたという人の名前と年齢が明らかにされるのを見ると、本当に胸が痛みます。高速道路の逆進だとか、スーパーの駐車場に車を突っ込んでしまったとか、どうも高齢になるとともに、動体視力が落ちたり、判断力が落ちたり、さらには経済力も落ちる人がいたりして、このような社会的な高齢弱者が誕生する仕組みになっているのだと思います。

数年前出張先のパリでふと入ったレストランで、高齢夫婦の両方共が車椅子で、上手に操作しながら街のレストランに入ってきたときの光景を思い出します。

ウェイターはもちろん、そこにいた別のお客さんの何人かがサッと立ち上がり、この2台の車椅子を上手にテーブルまで誘導しました。ごく自然で、「どうぞこちらに」、「ありがとう」という感じで、誰もそれが負担だと思っている様子もありません。

実はこのレストランに入ったのは、私の友人の奥さんがやはり車椅子で、このご夫妻に招待されて行ったのでした。高齢者やハンディキャップのある人にごく自然に手を貸すという習慣がパリの街ではっきりと日常化していることに感動しました。

東京に帰ってくると、なかなかこんな光景に出会えません。高齢で、大きなスーツケースを階段で動かしにくい人や車椅子の方たちに自然に手を貸したり言葉をかける習慣が、どうも東京のほうがパリよりも少ないように実感するのです。読者の身のまわりではどうでしょうか。

しかも、社会的に大きな問題があります。医師をしている友人たちがこぞって言うことがあ

ります。先発品より値段の安い「ジェネリック」についての話です。働き盛りで保険料を払っている人々は、薬を頼むときに「ジェネリックでいいです」となるべく薬代を削ろうという意識がある一方で、高齢者で保険の負担金が20％とか10％になっている人のほうが、薬代には気を使わないという話です。これは高齢者側にも意識改革が必要だと思うエピソードではありませんか。

もちろん全員がそんなことではないでしょう。けれども、これもまた、社会構造上、大きな課題だと私は思います。

加齢とともにワーキングプアになったり、保険料が払えなかったり、路上の高齢のホームレスが増えれば増えるほど、それを見ている私たちの心はズキズキと痛みます。

今自分は若いから大丈夫だと安穏としている人々にもやがて経済的負担がかかってきます。まずは若者も高齢者もそろって、高齢になってからの社会格差を縮めるように意識や行動を変えていく必要がありそうです。

「高齢格差」が男性のほうが大きい理由

日頃自分の周辺を観察していて、男社会の日本の会社で肩で風を切っていた男性ほど、定年後の身の処し方に弱いものだと、痛感します。

まず近隣の街の中が一番いい例でしょう。その方がどんなお偉い方だったかは知らないけれど、近所の方ですから、「おはようございます」とこちらは挨拶をします。すると、返ってくる答えが、「うん」と軽く顎をしゃくっただけで、「おはようございます」という言葉が返ってきません。

会社で「部長」とか「専務」、「社長」というように、肩書で呼ばれていたときの自己表現のしかたが、肩書がなくなった町内の一高齢者になっても同じように出てしまうのでしょう。ここで笑顔で、「やあ、おはようさん」とか、「暑いですね」、「寒いですね」などと一声かけられたら、「さすがあの方は会社で実績をあげていた方だけあって人格が違う」などと町内でも評判が上がるはずです。

でも、威張っていた習慣はなかなか抜けないので、会社やロータリーやライオンズなどでの肩書のないただ1人の人間となった場合、なかなか男性は態度の切り替えが難しいのでしょう。

旅行先だって同じことです。電車の旅や海外旅行などで女性同士のグループがニコニコと楽しそうに話をしながら食事をしている場面をよく見るでしょう。まるでずっと友達だったように見えます。でも、このツアーで初めて友達になったのだという例がけっこうあります。女同士だと、一、二度話をするとすっかり打ち解けて、フラットなコミュニケーションが取れるのでしょう。はやい話が、女性はよくしゃべります。

男性も会社やさまざまな組織を離れて肩書がなくなったら、自分のほうからにこやかに微笑みかけ、言葉を発信していくほうが今の日本の状況の中で心安らかに生きていけるはずです。

高齢格差は経済の問題だけではなく、友達が多いか少ないか、会話が多いか少ないか、楽しみが多いか少ないかなど、さまざまな条件によってどんどん落差が大きくなります。男性は今までの会社人間としての自己表現をここで切り替えましょう。

人間の「自己表現欲求」は満たされないとより増大する

年をとると、なんだか仏頂面が多くなると電車の中で感じませんか。自分の前の座席に座っている人々をザッと見回したとき、高齢者を見て、「どうしてあんなに面白くないという顔をしているのだろうか」と、ふと感じることがあります。アメリカの表情研究の論文でも、「高齢になるとあまり笑わない。それは物事に対する感受性が鈍ることと、表情筋が硬くなることが理由だろう」という論文もあります。これについては、私は正確な実験データによって第2章で反論しますが、一般的にはそう思われているわけです。

では、どうして高齢者のほうが面白くない顔をしているのだろうかと考えたときに、ハッと理由に思い当たりました。

会社で現役の頃は、例えば上手に書類ができれば上司が褒めてくれました。子どもの頃だってそうです。宿題がちゃんとできたり、スピーチや歌がうまければ、先生が褒めてくれました。親も褒めてくれました。会社に入って偉くなれば、「社長、なかなかすごいアイディアですね」などと部下もちゃんと称賛をしてくれます。ところが、定年退職したり、子どもが巣立ってしまうと、会話をする相手もどんどん減ってくる。「偉いですね」とヨイショしてくれる相手もいない。

女性の場合も同じで、子どもが巣立ったところでママ友との会話が減ったり、「忘れ物はないか」、「宿題はやったのか」と次々声をかけていた自分のお役目が減って、「空の巣症候群（empty nest）」に陥ります。私の生き方はこれでよかったのかしら、というわけです。中高年になって、自分が素晴らしいことをしたから相手に感謝されたり、褒められたりする時間が減っていくわけです。

ところが、困ったことに、すべての人間は「承認欲求」を持っています。自分らしく生きたいという「自己実現欲求」のベースとなる、他者から承認され、認められたいという欲求です。「称賛の欲求」もここに入ります。

すべての欲求がそうですが、その欲求が満たされないと不満の種が心の中に発生し、その種はどんどん増殖して大きくなります。褒められないと、褒めてくれ、褒めてくれと前にしゃしゃり出て、それでも褒められないと、ふくれてしまうのも同じことです。

さらに、みんな「自己表現欲求」があります。社会で活躍中だったり、育っている最中であれば、自己表現欲求が満たされるのに、大人になり、あるいはさらに定年退職してしまうと、なかなか自己表現欲求が満たされることが減っていくわけです。そこで満たされない自己表現欲求が不満になり、不満が表情筋を硬めてしまい、笑顔が減り、目の輝きが減るということになります。

一般的に「目の輝き」という言葉も曲者で、実際に強いアイコンタクトは3つの要素を持っています。「**見つめる方向性**」、「**見つめている時間**」、「**見つめている強さ**」です。この「強さ」が本当の曲者で、強さとは上の瞼の「上眼瞼挙筋」が目をパッと見開く力です。年と共にだんだん目の上の筋肉も下がってくるので、パッと相手を見なくなる。そして、つまらない顔をして電車に乗っている。

「私は自己表現欲求が満たされないので、本当に不満ですよ」と顔で言ってしまうのです。そんな不愉快な顔を見て、誰が楽しく話しかけてくるでしょうか。

自分からすすんでにこやかにし、席を譲ってもらったら盛大に「ありがとう」と言い、かわいい赤ちゃんを見つけたら、他人の子でも「アバババババ」と語りかけてみませんか。

赤ちゃんはきっと微笑み返してくれます。満たされない自己表現欲求は自分から満たしていきましょう。

「依存欲求」には世代格差がある

私たちの持っている欲求に「依存欲求」があります。誰かに頼りたいという欲求です。

赤ちゃんのときに依存欲求が強いのは当たり前です。お母さんがいないとご飯を食べることも、どこかの場所に移動することもできないからです。青年期は依存欲求どころか、「無駄な口出しをしないでほっといてよ。何だってできるから」となるわけです。

ところが、高齢化に伴い、次第に自分のできることが減ってきます。これからの人生の時間に対する不安、行動範囲の縮小、人間関係の縮小、好奇心の縮小などの高齢者独特の心理的特徴により、だんだん、誰かに助けてもらわないと困ると感じるようになります（図1）。この感情が依存欲求です。依存欲求があっても、実際には努力して自分で行

図1　高齢者心理の特徴を正しく理解する

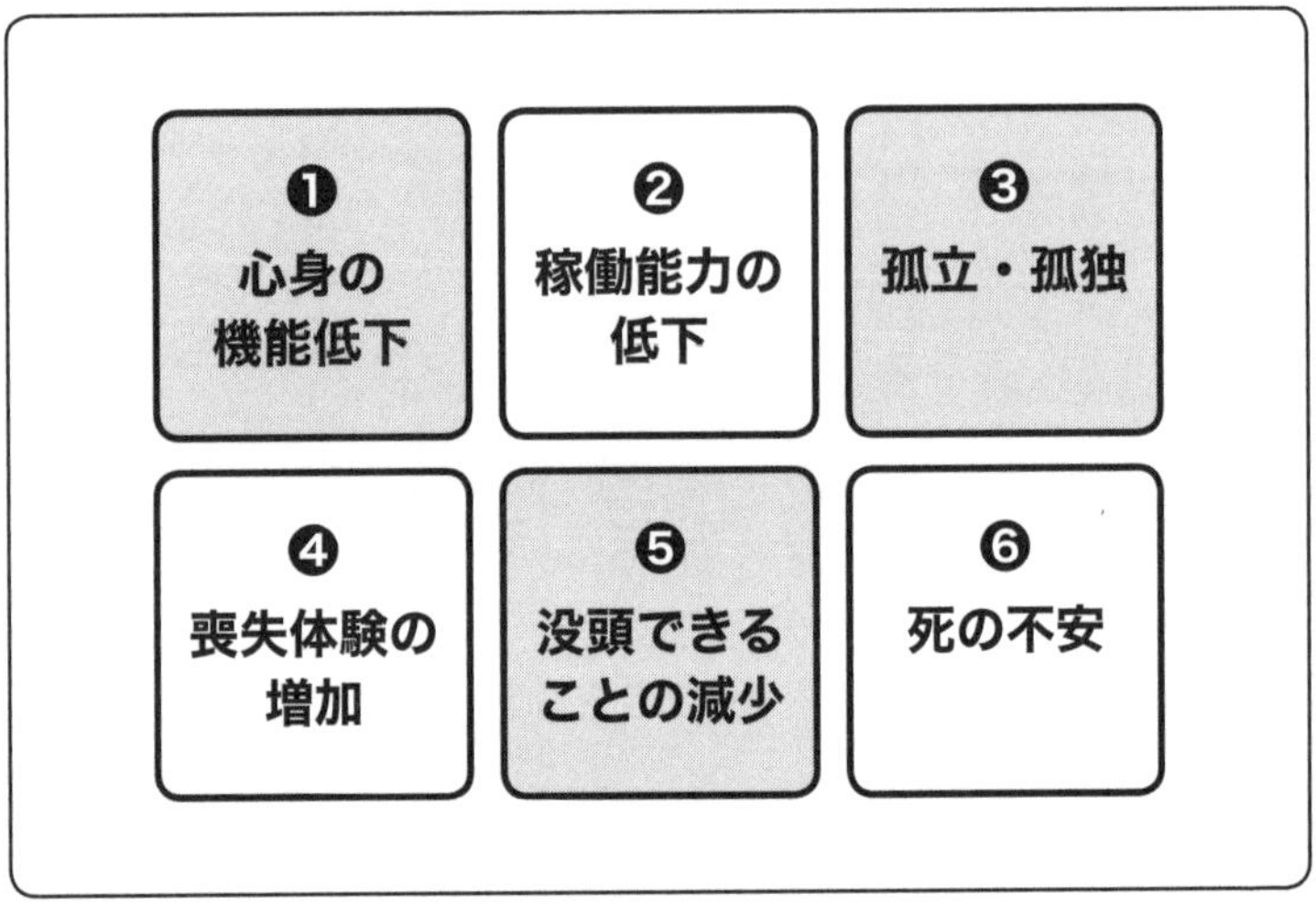

動して、「依存行動」にまでいかない人もいます。

でも、中には、「どこかに行くのにいちいちついてきてほしい」というような依存行動に移行する人もいます。

赤ちゃんのときに大きかった依存欲求は、高齢期で再び大きくなる。そのことに気づいていて「ああ、頼ってもらえてよかったな」と割り切って高齢者を助けてあげる社会にしましょう。

今まで散々努力してきた人たちが、自分たちがつらく扱われることを予感して、「ボケるが勝ちですよね」などと言うのは、実は本当に罰当たりな社会になったというこ

図2　「心の痛み」から生じる欲求と行動

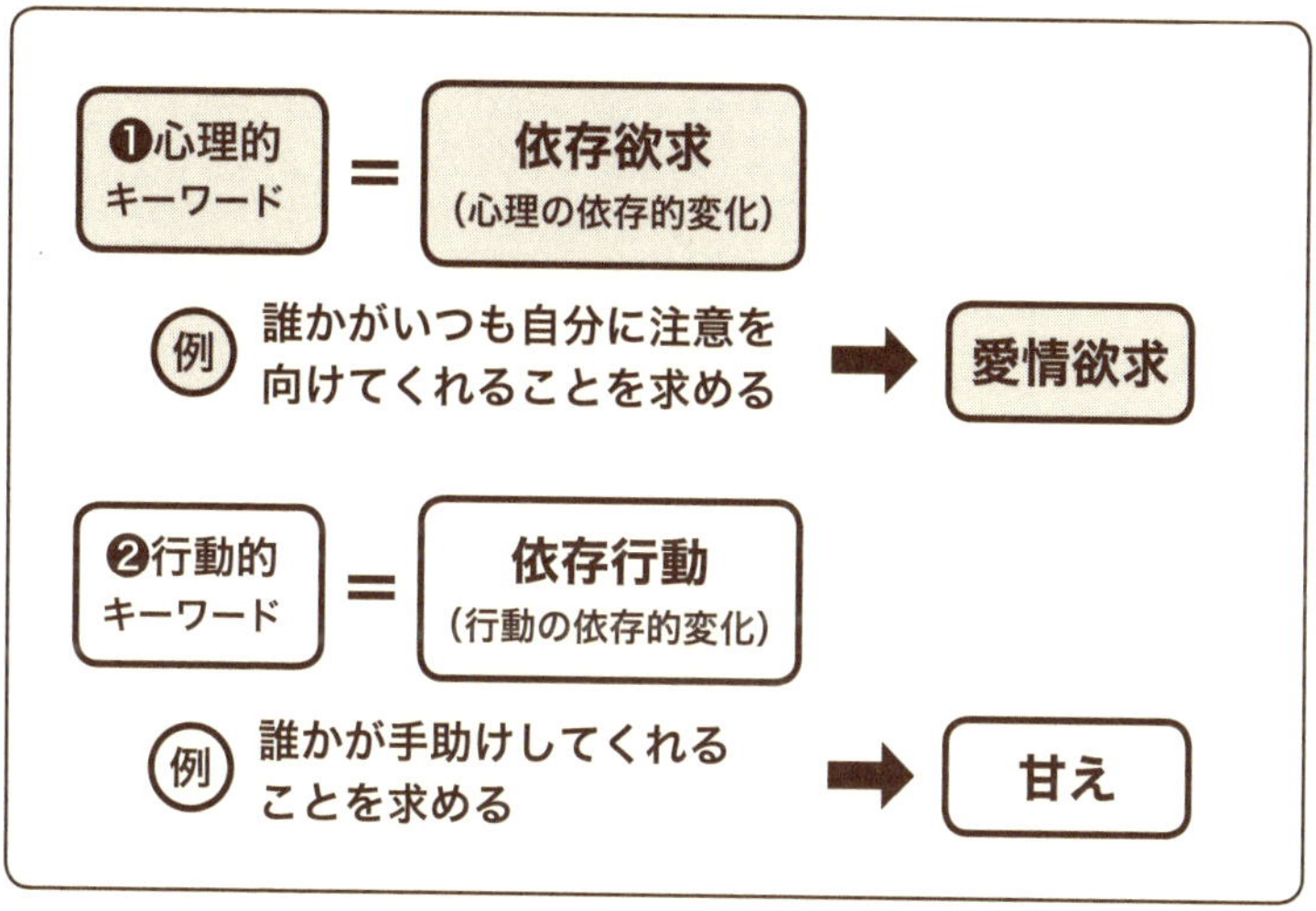

とです。

「ボケないで、なるべく人に依存せず自分でやっていこう」と本人は頑張ること。周りは依存欲求が高齢者から発信されたら「できることをしてあげよう」と思うこと。これが本当の明るい未来の人間関係でしょう。

依存欲求には世代間格差があって当たり前。高齢者が頼ったからといって、「面倒くさい」などと言うなかれ。高齢者がいなかったら、あなたは生まれなかったのです。

人の痛みがわかる「共感力」は財産

心理学的に言えば、「共感（empathy）」は、「同情（sympathy）」とはちょっと違う代物です。

だいぶ前に、「同情するなら金をくれ」という変な言葉が流行りました。ただ言葉だけで「大変ですね」、「お気の毒ですね」、「頑張ってください」、「ドンマイ」などと簡単に同情の言葉を発することは誰でもできることです。だから、そんな上っつらな言葉よりもお金をもらったほうがいい、というホンネです。

でも、共感はそれとはちょっと違います。今、相手が置かれている同じ立場に自分の気持ちを置いてみて、この人がこの場面でどう感じているかと自分もまた感じてみる力が共感力です。

例えば、ちょっと話を聞いて話途中で、「それはまたご愁傷様でした」とか、「大変でしたね」などと早く言葉を出してしまうと、本当に共感してもらえたと相手が感じることができません。

じっくり人の心の苦しみや悩みや痛みを理解して味わい、その上で、「それは大変でしたね」と一言かけ、必要な援助行動はしてあげる。実はこの力こそ高齢者の大きな力でしょう。人生の中でつらい体験、痛い体験、寂しいこと、ままならぬこと、苦しいこと、裏切り、期待外れなどいろいろ経験してきているので、人の痛みの話を聞いたときに、「ああ、きっとこういうことだろう」と場面をイメージしやすいからです。

そこで、心のこもった共感の言葉が、スピードは遅いけれど、素朴に口から出てきます。「なかなか苦労したんだね」、「時間が経てばなんとかなることだよ」、「例えば私もこんなことがあったんだ」という具合です。

人の痛みがわかる共感力こそ、高齢者の持つ大きな力です。第一、若い人は忙しくて、今仕事中なのでしっかり話を聞いてやることもできず、メールのやりとりも「いいね」と「ちがう」があれば全部終わりという具合です。

高齢者はメールで「いいね」を打ち返すことは下手でも、面と向かっている相手からしっかりと話を聞くことができます。そこが高齢者の共感力という財産に違いありません。

統合して判断する力は高齢期のギフト

「Adaptive unconscious（適応的無意識）」という面白い言葉があります。とっさの出来事に対して、その出来事にうまく立ち向かっていくように、人は視覚からだけで1100万要素の情報をキャッチし、そのうち40要素を脳で判断するという、アメリカのT・ウィルソンの研究発表です。

このとっさの判断力は若者もたくさん持っています。例えば、向こうから車が来た。とっさにどっちによけたら助かるのかな。こんなときに適応的無意識が有効に働きます。

高齢者の場合、今までの人生でたくさんの人に会っているので、実はこれが誰か違う人に会ったときの適応的無意識として正確な判断をするときに有利です。

長年の蓄積で過去の自分の経験値のフィルターにかけて、一瞬、目の前にいる人が善い人なのか悪い人なのか、正直なのか嘘つきなのかと統合して判断していくわけです。人物判断に関して、経験を統合して判断する力は、高齢期のギフトだともいえます。

それなのに、振り込め詐欺やオレオレ詐欺に高齢者が引っかかってしまうのも一面の事実です。それは、やはり高齢者自身の判断力に対する自信のなさとも関連すると思われます。

とっさの出来事でアッとあわててしまい、落ち着いて考えたら、息子が今、会社の前まで３００万円持ってきてくれと言うはずはないと気づくわけですが、とっさに自分の判断力を統合して使うことを忘れて、つい相手の言いなりになってしまう。そこでオレオレ詐欺が発生するわけです。

これは高齢者自身にも大いに責任があります。走ったり、力競争では負けるけれど、人間を統合的に判断する力は自分には充分にあるのだと、もう一度しっかりと思い出してほしいところです。そして、まがい物のストロークが相手から降ってきたら、あちこち確認電話をするなどできる限りの手を尽くして、それが本当かどうかを判断していったらいいのです。

統合的判断力は高齢者のギフトなのだと誇りを持ちましょう。

真の人脈力は高齢期こそ

若者たちは、「どこかの会社に就職したいけれど、コネがないからね」などという言葉をよく使います。

コネとはコネクション。自分の力はまだ小さいけれど、大きな力を持った人のすそ野にちょこんとしがみついていれば、その大きな力の人から何かをしてもらえるという考え方です。まだ人脈のない大学生が先輩を頼って希望の会社に就職するときなどに、「自分はコネがあるから大丈夫」と言ったりするわけです。

そのときに、「自分は○○会社に人脈があるから大丈夫」とは言わないでしょう。人脈と言う限り、自分もそれなりの高い地位や能力があり、相手も同様に高い地位や能力があり、そのAさんとBさんが横につながるから人脈です。

富士山の横に小さな小山があっても山脈とは呼ばないのと同様です。高い山同士が並ぶから山脈、高い能力の人同士が並べば人脈です。

実は高齢者は、今まで生きてくる中で何かの分野で努力して自分の力を蓄えた人に対しては、「類は友を呼ぶ」で同じように力を蓄えた人が集まってきます。これが高齢者の持つ上質人脈です。

会社を定年退職した60代、70代の人が「○○会社のAさんとは顔見知りでね、よい人脈ですよ」とパーティなどで言うときに、これは実は人脈ではなく、ちょっと知っているというだけのコネの場合もあるので要注意ですが、一般的には、よい仲間とよい仕事をしてきた人たちは、高齢期になるとよい人脈を持っています。そして、それは長年の「時の審判」を経て選び抜かれたものなので、ほとんどの場合、優れた人脈です。若者が「ちょっとコネがある」というのとはわけが違います。

年数を経るごとに自分も力を蓄え、同じようによい力を持った人と人脈を作っていく、この繰り返しが高齢期になっての大きな財産です。

「傾聴力」という名の忍耐力は社会の財産

電車の中でちょっとぶつかったからといって喧嘩をしている若者同士の話を聞くと、どっちも相手の言うことなど一切聞いていません。「バカとは何だ」、「おまえこそバカだ」というわけで、どんどん罵りがエスカレートし、両方で同時にしゃべっているので、互いの話を聞いているどころではありません。夫婦喧嘩だって似たようなものでしょう。そこからいい解決など生まれるわけがありません。

そこに必要なのが「傾聴力」です。中でも「積極的傾聴技法（active listening）」というスキルは本当に必要です（佐藤綾子『「察しのいい人」と言われる人はみんな「傾聴力」をもっている』講談社＋α新書、２０１３）。

その**第1は、自分の喜怒哀楽や、「忙しすぎる」、「つまらない」、「イライラする」などの、心理学で「否定的感情」と呼ばれるネガティブな気持ちをコントロールして相手の話を聞く力**です。

第2は、相手の感情に寄り添って話を聞く力。

第3は、相手の話をよく聞いて、的確な質問をする力です。この傾聴力は、練習や経験で磨かれます。いろいろな人の話を聞いていく中で、どういう聞き方がいいのか自然にわかっていくからです。

さらに、高齢者の場合は、時間的ゆとりが生まれている人も多く、あたふたと人の話を半分聞いて、「ああせえ」、「こうせえ」、と言わず、最後まで聞いてくれるという素晴らしい美徳があります。

こんな傾聴力という名前の忍耐力を加齢と共につけてきたのがまさに人間の歩みの財産と呼ぶべきもので、その人の人生の宝物です。こんな傾聴力を持った人が1人、2人、3人、そしてたくさん社会の中にいることが社会全体の財産になります。

トゲトゲと自分の主張ばかりするのではなく、じっくり人の話を聞いて、適切な質問をしてあげる。これぞまさに高齢者の才能であり特権です。

経済力のバリエーションを活かすとき

高齢格差には、実は経済力が大きく関係します。定年退職と共に定収入がなくなるという人はたくさんいます。そのときに個人的年金や国民年金、厚生年金などの金銭的収入がその人を助けてくれます。もちろん、不動産や株、インゴットのゴールドバーなどで富を蓄積している人もいます。

一方でこういう富の蓄積ができないまま高齢期を迎える人も、たくさんいます。その人たちは、「あの人たちはいいわね、あんな高級な介護付きマンションに入れて。うちはずっとこの安いマンション暮らしかしら」などという、ちょっとため息交じりの会話を交わしたりもします。

でも、ちょっと待ってください。金銭的収入だけが経済力でしょうか。この頃、私はそうではないことにはっきりと気づくようになりました。

私の近隣には花作りが非常に上手な80代の女性、大岩さんがいます。彼女は持ち家で自分の庭があるので、そこで楽しみで花や野菜をいろいろ作っているのですが、ときどき、「たくさんあるから、おすそ分け」と言いながら、季節の花や野菜を分けてくれます。私にとっては、仕事に忙殺されて買い物に行く時間も足りないというような日々に彼女が届けてくれる花や野菜が、なんとうれしいことでしょうか。

このような有形なものだけとは限りません。情報だって立派な経済力です。情報貧乏と情報リッチはちゃんといるわけですから。

どんな方法をとったらこの貴重な本が手に入るとか、どこに行けばどんなイベントがあり、どこにどんな名医がいるのかというように、私たちの今の社会はまさに１９８０年にアルヴィン・トフラーが予言したような「第三の波」、情報化社会のまっただ中にいます。情報の大小がその人の財力の大小になっているわけです。

病気をしたときに、どの病院が一番きちんと対応してくれるか。薬を飲むときに、どの薬は効いて、どれは効かないのか。もちろんそれぞれの分野にファイナンシャルプランナーや薬剤師などがいるわけですが、自分の身近な友人のネットワークの中でたくさんの情報が飛び交えば、これほど簡単で確かなことはありません。これまた若いときから貯えている財力です。

有名な「アリとキリギリス」の話があります。アリはせっせと働き、キリギリスは遊んでばかりいたので、冬になったら食べ物がなくなってしまうというわけですが、どうやら高齢者は、「アリギリス」が合っているような気がします。一生懸命働き、お金や情報を蓄えるとき。そして、仕事は少し暇になったけれど、さまざまな自分の持っている能力を使って、たくさんの上質な友達や人脈を作るとき。そんなことを折々の生活の中で緩急自在に交ぜながらやっていると、高齢期の金銭的経済力も含めて高齢力は心配がないということになるでしょう。

楽しく年をとっていくためには、こんな財力的な高齢力もやっぱり見逃せない大きな項目です。

第2章

「笑い効果」を積極的に使う

「75歳笑いの実験」のエビデンスとヒント

人はなぜこれほど笑いに魅かれるのか

日本では昔から「笑う門には福来たる」といいます。ニコニコしていると幸せや富が転がり込んでくることを人々は体験的に知っていたのでしょう。「人生は泣き笑いだ」という人もいますが、どちらを好んで引き寄せるべきかといえば、当然、笑いのほうでしょう。その真実ゆえに世界中にも笑いの素晴らしさを表している哲学者や詩人の言葉はたくさんあります。いくつかをしっかりと見てみましょう。

「世の中には腹が立つことがたくさんあるさ。流れの中には濁った部分もある。だから、そんなことにかかずらうことなく、いっそのこと笑い飛ばしてしまいなさい」

『俗人への手紙』ヘルマン・ヘッセ（独）

「人は幸福だから笑うのではない。笑うから幸福なのだ」

『幸福論』アラン（哲学者・仏）

「できるだけ幸福に生きよう。そのためにも、とりあえず今は楽しもう。素直に笑い、この瞬間を全身で楽しんでおこう」

『悦ばしき知識』ニーチェ（独）

「笑いは脳をマッサージする。笑いは緊張状態を緩和する。つまり、笑いは脳を『脱抑制』させる効果があるのだ」

『笑う脳』茂木健一郎（日本）

ドイツの詩人ヘッセも、フランスの哲学者のアランも、ちょっと気難しいことで有名だったドイツの哲学者ニーチェも、そして、日本の脳科学者の茂木健一郎さんも、みんなそろって笑いが素晴らしいということをそれぞれの言葉で書いています。

茂木さんの場合はこの「笑う脳」の中で、笑いのさまざまなメリットを具体的に記し、笑うことで人間が緊張やストレスや抑制された状態から解放されるのだと説いています。

つらいことを笑い飛ばしたり、幸福ではないときでさえも笑顔を作ったことで幸福な気持ちになったり、幸福に生きるという大きな目的のために笑ったり、脳にいいことだからと理解して笑ったりして生きようと、この4人の専門家たちからのアドバイスです。

「高齢になったって笑うことはできる。だったら笑っていこうじゃないか」。これは本著を書いている私の呼びかけです。そのために次の項から、私が実際に75歳の人々を対象に行った「笑いの実験」を中心に、笑いがアンチエイジングになるというエビデンスを紹介していきます。

笑いと膠原病《こうげんびょう》

膠原病といえば、今だって難しい病気として有名です。時代を遡れば、膠原病はもっと対処しにくい病気として有名でした。

この病気に自らがかかってしまい、笑うことを積極的な治療法として取り入れたのが１９７０年代に活躍した医療ジャーナリズム専門のアメリカのジャーナリストのノーマン・カズンズ（Cousins N.）です。

彼は自分が膠原病だとわかってから、さまざまな友人たちに電話で1日１つずつ面白い話を届けてと頼むのです。友人たちが次々に面白い話を見つけたり作ったりして届けてくれました。その話を聞いてケラケラ笑っているうちに、カズンズは自分の膠原病が治ってしまったというのです。

詳細は、翻訳書もありますから「笑いと治癒力」（岩波現代文庫、２００１）を読んでみてください。

膠原病に笑いが効くだろうと当たりをつけたのはさすがにカリフォルニア大学医学部大

脳研究所教授でもあった彼らしいことですが、難しい病気だとされているものでさえ、笑い飛ばそうという彼の専門家としての知恵がここに伺われます。

友達と電話するならば、愚痴や人の悪口ではなく、面白いことを言ってもらいましょう。もう約束しておいたらいいと思うのです。「私に電話をするときは、必ず面白い話にしてちょうだい。あまり悪いことやつらい話は聞かせないでくださいよ」と。

認知症予防と笑い

「認知症に笑いがいいらしい」とは巷でもよく言われてきたことです。

笑ってお話をしていると、相手がどんどん、昔軍隊生活でつらかったことなどを話しだして、ときどき笑いが漏れているうちに認知症が軽減したという話を読者諸氏も聞いたことがあるでしょう。

これに注目して本格的に研究をした人がいます。精神医学専攻の大平哲也氏です。彼は認知症患者を対象に、笑う頻度の高い人と高くない人を計測していったのです。そして、頻繁によく笑う人たちのほうが認知症が治っていくということを発表しました。これまた詳細な研究論文がありますから、詳しくは「大平哲也 笑いと認知症予防」(最新精神医学20(5)、2015)を読んでみてください。

この頃、75歳になったら認知症になるというような単純なことではなく、若年性認知症もあり、40代、50代でも認知症を発症する人が何人も報告されています。自分で、ちょっとこの頃、認知のしかたがおかしいなと思う人は、意識して面白いことを考え、面白い話をし、面白い本を読み、道を歩いている犬や猫を見ても、その中から自分の好奇心に照らして、愉快だなと思うことを見つけましょう。

そして、そういうことが見つかったら黙っていないで、クスクスと笑ったり、アハハと声を立てて笑ったり、そのことを友達に話してあげましょう。

高齢化とともに認知症人口が増加し、家を出たきり戻ってこないとか、赤信号の横断歩道を平気で渡ってしまったとか、高速道路を逆走したとか、さまざまな認知のゆがみが社会問題になっています。

笑うことぐらいで認知症予防になるならば、お安いことではありませんか。そもそも笑うことは表情筋を刺激し、腹筋も刺激し、脳も刺激します。将来、認知症になりたくないと思ったら、積極的に笑いましょう。

免疫力NK細胞と笑い効果

もう20年も前のことです。ニューヨークで学会があり、帰りの飛行機の座席ポケットでふと見た雑誌の中で、よく笑う人は免疫細胞（NK細胞:ナチュラルキラーセル）が働き、例えばがんになっても持ちこたえる力が強いというアメリカの論文を見つけました。

本当にそうなのか、そのことが日本ではどれだけ知られているのかと不思議に思い、すぐにツテをたどり国立がん研究センター所長に会いに行きました。そして、聞いたのです。「先生、免疫細胞、いわゆるＮＫ細胞、ナチュラルキラーセルは、笑う人のほうが活発に働くのですか」。

彼は私の話を聞くなり、本当にアッハッハと笑いだしました。「そんなことはわれわれの仲間は全員知っていることですよ。アメリカの論文で見たからとすっ飛んでくる佐藤さんは、本当におっちょこちょいだし、面白い人ですね」というわけです。

笑う人はＮＫ細胞が増加するということを日本人の学者も研究しているということを知った、初めての機会でした。でも、その後、私が具体的な笑いの実験をするチャンスを見逃していたので、日本で具体的にＮＫ細胞と笑いについて実験事例を読みあさるのは、実は昨年、２０１６年のことになりました。

ここでわかったのが、高橋博士、岩瀬・山下医師らの共同論文です。簡単にいえば、実験を組み立て、笑うことによってナチュラルキラーセルの活動が増加することを突き止めたという論文です。

この詳細を知りたければ、「J Mol. Med.8」（2001）に詳細が出ています。ナチュラルキラーセルの働きが活発になるということを、アメリカどころか、日本のドクターたちもすでに2001年に英語で論文を出していた!! 私はずいぶん、自分が大騒ぎをした今から20年前が懐かしくなる論文でした。

実際に、このたび105歳の生涯を終えられた日野原重明先生とナチュラルキラーセルのお話をよくしたことがあります。先生は小児がんの患者さんや末期がんの患者さんの病室を見舞ってはお話をすることを日課にしていました。

その中で、「大いに笑いなさい。笑うほうが免疫力が上がるからね」と声をかけて、面白い話をいつもするように努力しているとおっしゃっていました。

笑うだけで免疫力が上がるならば、迷うことはありません。何でもいいからネタを探して笑いましょう。さまざまなお笑い芸人のCDを買ってきて笑うもよし、楽しいことを次々と言う友達と話すのもよし、オヤジギャグだなどと軽蔑しないで、ギャグを連発するおじさんたちと友達になって、しょっちゅう笑い転げましょう。

笑いを積極的に取り入れることが免疫力を上げると判明したのですから、自分で積極的に笑うくらいは、お安い御用でしょう。

世界初　75歳笑いの実験と7つの発見から学ぶ

さて、お待たせしました。本書の中の最大目玉、いよいよ、私が実際にやった世界初の75歳高齢者における笑いの実験の話をしましょう。ここはちょっと文章が長くなりますが、貴重な世界的論文の報告ですから、まずなるべくわかるようにお伝えしたいと思います。ぜひしっかり読んで、採用するべきところは採用してほしいと思います。

まず、これは2016年の9月7日と9月14日の2回に分けて、都内S中学校の体育館に高齢者の方々に集まっていただきました。この方たちは体操目的で集まっている教室の

表1　調査内容7項目

❶ 表情筋の動きの変化	❹ 酸素濃度の変化
❷ 発話数（個人ナラティブ）の変化	❺ 脈拍の変化
❸ 笑顔に関する感じ方の変化とポジティブ感情の変化	❻ 血圧の変化
	❼ 体温の変化

佐藤綾子他：「高齢者における笑いの効果の実験研究」、日本健康医療学会誌Vol. 4-2、2016

生徒さんたちですが、なかなかこの中学校に集まることさえ大変なわけですから、男女１００名ほどの参加者に呼びかけ、その中で後期高齢者と定義されている75歳平均の人々で、スピーチの実験や笑いの実験、医学的な実験に協力してもらえる人がいるかどうかを尋ねました。

11名が手を挙げました。偶然ですが、全員女性。平均年齢75歳の11名でした。

さて、この人たちに第1ステップとしては、笑いが健康に及ぼす

図1　実験計画イメージ

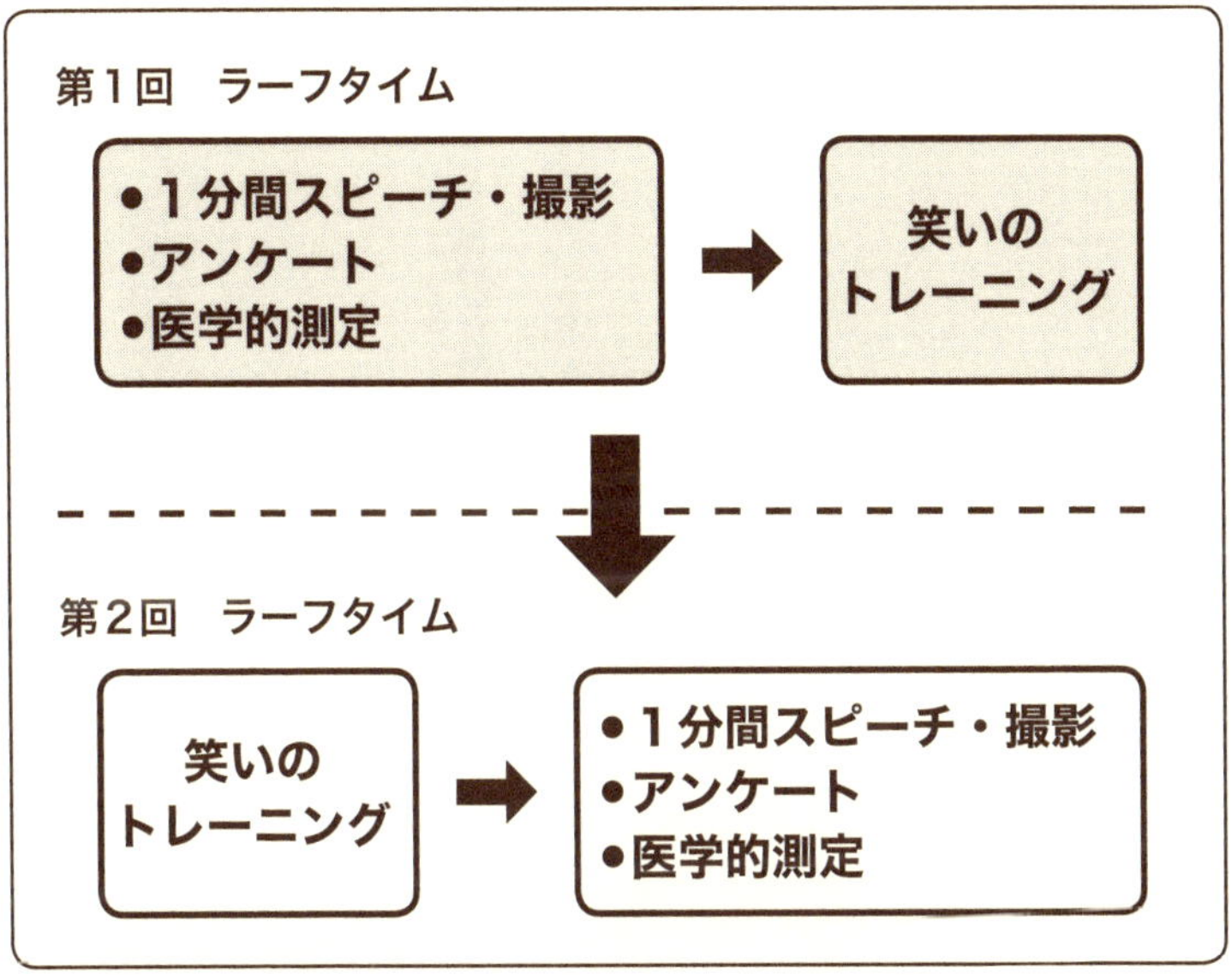

佐藤綾子他：「高齢者における笑いの効果の実験研究」、日本健康医療学会誌 Vol. 4-2、2016

大きな影響について私が説明をし、第2ステップで、私が笑いのために準備した話題をお話しし、「面白いと思ったら積極的に笑ってください。そして、途中から仲間の顔を見て、その顔が変だったらもっと笑ってもいいのですよ」と付け加えました。

この実験を7日と14日に2回やったわけです。実際に説明と笑っていただくことを10分間やり、そのあと1分間のスピーチをやってもらい、ビデオ撮りしました。さらに、アンケート記入、酸

図2　3か所の表情筋の動きの結果

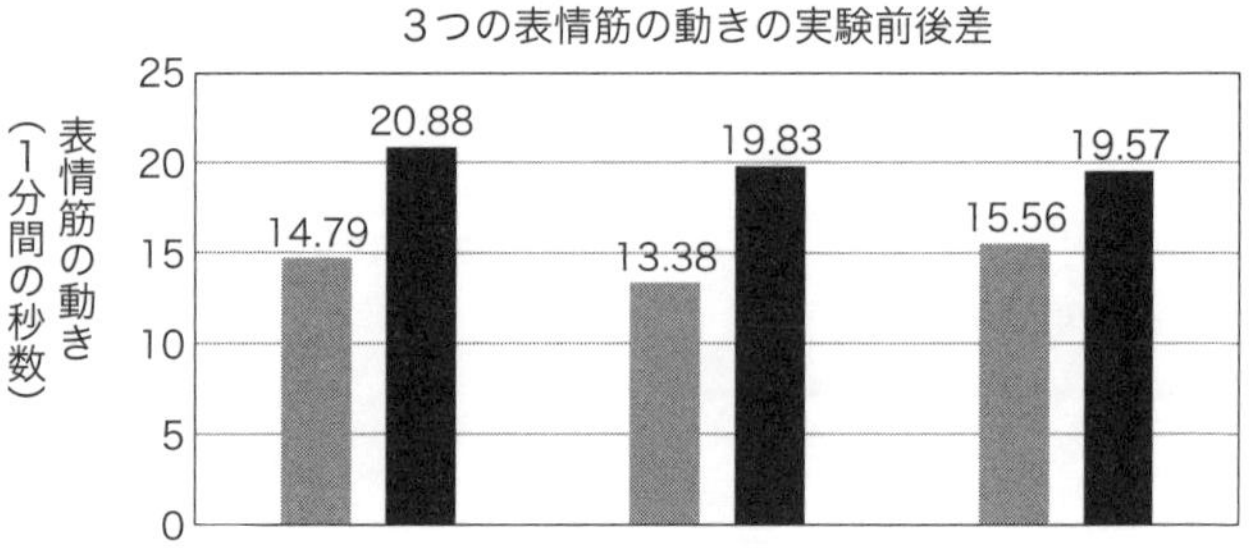

筋肉名	口輪筋	眼輪筋	頬骨筋
■実験前	14.79	13.38	15.56
■実験後	20.88	19.83	19.57

佐藤綾子他：「高齢者における笑いの効果の実験研究」、日本健康医療学会誌 Vol. 4-2、2016

素濃度、血圧、脈拍、体温の測定をしました（表1、図1）。

結果、本当に貴重なことがわかったのです。まずはこれを表情筋の動き、スピーチの発話数、アンケート項目、医療分野と4つのブロックに分けてご報告していきましょう。

第1の表情筋の変化については、私の前出のASFACSという特別なコーディングシートを使いました。このシートを使って、1分間で口の周りの口輪筋、目の周りの眼輪筋、頬の頬骨筋の3か所がどれぐらいの時間動いているかを計測したのです。する

表2 ASFACSによる表情筋のコーディングデータ *t*検定

(1分間、0.1秒単位)

項目	平均(実施後)	平均(実施前)	平均の差	標準偏差	自由度	*t* 値	有意確率(片側)	検定結果
口輪筋	20.88	14.79	6.095	4.507	10	−4.485	.001	＊＊＊
眼輪筋	19.83	13.38	6.458	7.202	10	−2.797	.009	＊＊＊
頬骨筋	19.57	15.56	4.008	3.904	10	−3.405	.003	＊＊＊

* $p < .10$ ** $p < .05$ *** $p < .01$

表3 発語数を文字おこしした結果の *t*検定

項目	平均(実施後)	平均(実施前)	平均の差	標準偏差	自由度	*t* 値	有意確率(片側)	検定結果
発話数	300.27	270.82	29.455	9.463	10	−3.113	.006	＊＊＊

* $p < .10$ ** $p < .05$ *** $p < .01$

佐藤綾子他:「高齢者における笑いの効果の実験研究」、日本健康医療学会誌Vol. 4-2、2016

と、驚くほどのことがわかりました。

第1回目の笑いの実験の前に、この3つの表情筋の動きはそれぞれ図2のような状況だったのですが、実験後、表情筋の動きはぐんと活発になりました。いずれも統計上意味ありとみなされる「有意差」がありました(表2)。

そして、表情筋が動いていた秒数は、成人の対話中の秒数とまったく引けを取りません。青年の対話中の表情筋の秒数(佐藤2001年調べ)と比べまったく遜色がないのです。高齢者も笑えば表情筋がよく動くということがわかりました。

表4　アンケート結果の *t* 検定

	項目	平均（実施後）	平均（実施前）	平均の差	標準偏差	自由度	*t* 値	有意確率（片側）	検定結果
1	常に笑顔が保てる	4.00	4.09	.091	.539	10	.559	.294	
2	笑顔を心がけることができる	4.55	4.00	−.545	.820	10	−2.206	.026	**
3	自分らしい笑顔ができる	4.27	3.91	−.364	.809	10	−1.491	.083	*
4	変化のある表情ができる	4.00	3.82	−.182	.405	10	−1.491	.083	*
5	明るい表情ができる	4.45	4.18	−.273	.905	10	−1.000	.170	

* $p < .10$　** $p < .05$　*** $p < .01$

佐藤綾子他：「高齢者における笑いの効果の実験研究」、日本健康医療学会誌Vol. 4-2、2016

第2に発話数についても、やはり1回目のラーフタイム前は1分間に271文字、2回目が終わると300文字にアップしていました。平均的な平仮名と漢字が交じっている1分間あたりの文字数は、日本人成人において1分間に266.5文字ですから、トレーニング後の高齢者たちは青年や中年よりもはるかにたくさんしゃべりだしたということです。

1分間スピーチが止まらなくなって、ストッパーでベルを鳴らしても、まだしゃべっている人が11人中2人いました。もちろん、文字おこしの前後を使った実験前後の差の検定「t検定」の結果は、大変な差が出ました（表3）。

表5 体温、血圧、脈、酸素濃度の変化の結果

氏名	1回目 体温	1回目 収縮期血圧	1回目 拡張期血圧	1回目 脈	1回目 酸素濃度	2回目 体温	2回目 収縮期血圧	2回目 拡張期血圧	2回目 脈	2回目 酸素濃度
A	35.6	139	67	73	98	35.8	134	59	60	98
B	35.9	140	75	79	97	36	141	82	77	98
C	35.4	119	82	74	98	35.4	113	71	71	98
D	34.9	161	75	59	98	35.3	150	55	53	98
E	35.2	135	82	83	98	35.6	149	89	89	98
F	35.5	126	79	93	98	35.6	126	66	89	98
G	35.6	154	88	80	97	35.6	146	90	82	99
H	35.6	147	90	67	98	35.8	168	91	75	98
I	35.6	159	74	67	97	35.8	171	69	64	98
J	35.8	148	83	83	97	36.2	156	72	74	98
K	36	138	79	80	98	36.1	134	70	75	98
平均	35.5	142.4	79.5	86.2	97.6	35.7	144.4	74	83.5	98.1

佐藤綾子他：「高齢者における笑いの効果の実験研究」、日本健康医療学会誌 Vol. 4-2、2016

第3に笑顔力についてのアンケート項目については、やはり「笑顔を心がけることができる」、「自分らしい笑顔ができる」、「変化のある表情ができる」といった自己評価において、前後で有意差がはっきりと出たのです（表4）。この項目は実は、私が2001年に社会人100名を対象に4台の計測カメラを使って実験したときのアンケートと同じ項目です。

笑顔に自信ができたり、笑顔をする心がけができたり、自分らしい笑顔だなと思える。要するに自分の笑顔に自信が持てたわけです。なんと素晴らしいではありませんか。

第4に体温、第5に血圧、第6に脈、第7に

表6　体温、血圧、脈、酸素濃度のt検定

項目	平均（実施後）	平均（実施前）	平均の差	標準偏差	自由度	t 値	有意確率（片側）	検定結果
体温	35.75	35.55	.191	.151	10	4.183	.001	***
収縮期血圧	144.36	142.36	2.000	10.315	10	.643	.267	
拡張期血圧	74.00	79.45	−5.450	8.699	10	2.080	.032	**
脈拍	73.55	76.18	−2.630	6.136	10	1.424	.092	*
酸素濃度	98.09	97.64	0.45	.688	10	2.192	.027	**

* $p < .10$　** $p < .05$　*** $p < .01$

佐藤綾子他：「高齢者における笑いの効果の実験研究」、日本健康医療学会誌Vol. 4-2、2016

酸素濃度についてはどうだったでしょうか。表5を見てください。このラーフタイムによって拡張期の血圧が下がり、リラックスしたり副交感神経が優位になったことがわかります。

脈拍や血圧はあまり違いが出ませんでしたが、血中酸素濃度は有意差をもって上がりました（表6）。体温も上昇しています。体温が上がり、血圧が下がり、血中酸素濃度が上がる。健康維持には持ってこいなのが笑いだということがわかったのです。

あまりにも貴重な実験だし、苦労が多い論文でした。したがって、これについて私は、「日本健康医療学会誌 Vol.4―2」（2016）に日本語、英語の両方のサマリーと共にきちんと掲載してありますので、調べる方はネットで読んでみてください。

こんな７つの発見から考えると、75歳だって笑ったほうがいいのです。いえ、75歳だからこそ、今まで笑いの実験の対象にもならず、高齢者は笑わないと決めつけられていたのがとんでもない思い込みで、素晴らしい効果があるとわかった歴史的な実験でした。

高齢者は箸が転んだだけでは笑わない

この実験発表のあと、「ところで、この人たちを8日間に2回笑わせるのには一体どうやったのですか、佐藤さん」と、あちこちで聞かれました。

何か面白いＣＤを聞かせたのか、綾小路きみまろさんのビデオでも見せたのかと、いろいろな質問が来ました。多分、自分の家族に高齢者を抱え、もうちょっと笑ってくれたらいいのにと思っている人もいたのでしょう。

実は私が使った手の内をお話ししましょう。9月7日も14日も特製の笑い話を自作しました。でも、これはでっち上げではなくて本当にあったことです。

7日にお話ししたのは、私の友人のU氏の話。彼は75歳です。みんなに若い若いと言われます。そこで彼はすっかり気を良くして「佐藤さん、僕はどこで人と話しても、『まだ60代でしょう』と言われるんだ。アッハッハ」。

そこで、私が言ったのです。「Uさん、正解が出たら1000円あげると言って、20人にデータを取ってみてください」。

彼はさっそくまず10人にやってみました。すると、なんということでしょう。9割の人が彼が70代半ばであること、しかもピッタリと75歳だと当てた人がほとんどだったのです。人間は皆どれだけおべんちゃらを言っているかがよくわかります。これが最初に使った笑い話です。

2つ目の話は、今度は私自身が題材です。電車のシルバーシートの前で重い書類鞄を持って立っているのに、目の前で大股を広げてドデンと座った若者が見て見ぬふりをして立ち上がらない。大いに腹が立ち、「立ってちょうだいよ」と言いたいけれど、そんなことを言ってぶん殴られたら嫌だから黙っていました。非常に腹が立ちました。

ところが、別の日に、シルバーシートではないところにやはり荷物を持って立っていたら、荷物が小さかったにもかかわらず、目の前のハンサムな男性が「どうぞ」と席を替わってくれました。このときの気持ちが「うれしい」だけではなく、なんとなし、一抹の寂しさがあったのです。それが２回目の私の告白話でした。

すると、どうでしょう。話終わらないうちにみんな２回ともドッと笑い転げ、「そうだ、そうだ」と隣の人をつついて、笑いが止まらなくなりました。

これでわかったのです。若い子は箸が転んだだけでもおかしいといいますが、高齢者は箸が転んでも笑いません。話題が自分たちに共通の話題であり、なんとなく心にしんみり来たり、ほのぼの来たりするときに笑うのです。だから、高齢者は高齢者同士話しているのが一番笑います。でも、若い人と話す場合でも、高齢者にわかるような話題を選んで話しかけてあげてください。それが一番高齢者を笑わせるコツです。

誰がブログの発信のしかたやメルマガの出し方を講習して、笑ってくれるもんですか。高齢者に笑っていただくには、彼らの世代に興味のある話を選ぶことです。

「表情筋」も筋肉です

腹筋や背筋については皆さん、一生懸命トレーニングをします。ところが、表情筋になると、これが随意筋であり、30ほどもある表情筋のうちのいくつかは自分で自由自在に動くということをつい忘れてしまいます。

実際に日本人の平均対話中の表情筋は、「**ニュートラル**」という表情が動かない時間が1分間あたり28秒ぐらいあるのが普通です。

話を聞いているときに、「まあ」と驚いて目を真ん丸にしたり、アハハと笑ったりする時間は、ニュートラルではなく、表情筋が動いた時間とカウントします。これを私のＦＡＣＳに記入して取っていくわけです。

このときに、誰もが自分の顔を鏡に映してよくわかる「笑筋」のうちの1つが**口角挙筋**《こうかくきょきん》という、口の両サイドをちょっとだけ上げる筋肉です。軽い微笑みが誕生します。そして、頬に走っている**大頬骨筋**、**小頬骨筋**などの頬骨筋は、頬をくいんと上げて笑うときに使う筋肉です。

目尻がくちゃくちゃになるときも、目の周りの総称、「**眼輪筋**」がよく動きます。こうやって顔中の筋肉を収縮させて大笑いしたり、微妙に笑ったりするわけですが、この筋肉は使わないでいると、腹筋や臀筋と同じく、たるんで下がります。

高齢化とともにブルドッグみたいに頬が下がってぶら下がったり、ちっとも笑わないために固まった仮面のような顔になっている人は、今がチャンスです。

表情筋は使えば必ずトレーニングに応えてくれます。笑顔を作りましょう。それだけで楽しくなります。

笑う人は「若く見える」、のではなく「若い」

「あの人は若いですね」と言われる人は、実によく笑っています。つい先日も、「企業家倶楽部」という雑誌に長年私がリーダーの自己表現について連載している関係で、今年の企業家賞の表彰式に行ってきました。

審査委員長の「ジャパネットたかた」高田明会長は、本当によく笑います。しゃべりながらアッハッハと声を立てて笑ったり、人との会話の中でも実によく笑います。そして、背筋がピンと伸びています。顔の表情筋がよく動き、姿勢がよく、動作が大きいために若く見えるわけです。

同じように、今年も6人の経営者が受賞しましたが、驚いたことに全員よく笑います。高齢の経営者であっても、この事実は変わりません。例えば、私の親しくさせていただいている経営者たちの中でも、日本ではほかにない「リンゴの皮むき工法」という特殊技術を持っている解体作業のプロフェッショナルな会社、「ベステラ」を経営している吉野社長は70代後半です。この方がまた、何があってもアハハとよく笑います。

経営者以外のリーダーとしては、先日105歳で亡くなられた日野原重明先生も、絶えず微笑んでいました。

そうすると、見た人の判断にパターン認識が起きます。「この人は笑っている」→「若い人はよく笑う」→「だからこの人は若いのだろう」という判断です。

実際、今まで述べてきたように彼らは、笑うことによって使う表情筋が体全体を刺激し、年齢的にも若いわけです。まだ論文は少ないですが、笑う人のほうが脚力も高いという説も出始めています。

笑う人は「若く見える」のではなく、前述の実験で示したように、実際に「若い」のです。

風が吹けば桶屋が儲かり、笑えば自信がつく

自信があるから笑うんだ。それならはっきりしている。けれど、笑えば自信がつくとはどういうことだろうと思う向きに、面白い落語のタイトルを思い出してください。「風が吹けば桶屋が儲かる」という落語です。あらすじは、風が吹いて、目にゴミが入って、失明する人が増える。失明した人が三味線を弾くために、三味線用のネコの皮が必要になり、ネコが減ってネズミが増え、桶をかじってしまう、というものです。風が吹くことと桶屋が儲かることのあいだは、ずいぶん離れているようですが、ちゃんとこれが因果関係として成り立っています。ご興味のある方は、その落語はどこでも手に入るので聞いてみてください。

同じことが笑いと自信にいえます。20代、30代の100人の女性たちを対象に、自己表現に対するアンケートを取ったことがあります。これは私の博士論文の中の1つの実験として出てくるものですが、表7で見てください。自己表現が苦手だという人たちに、その理由を自由記述でまず聞きました。彼女たちの答えはなかなか面白いもので、次の5つの

表７ 非言語能力の阻害要因に関する因子行列

質問項目	回転後の因子負荷量 因子１	因子２	因子３	共通性
281 優雅に動けない	0.76	0.24	−0.02	0.636
282 物腰が落ち着いていない	0.76	0.06	−0.10	0.591
289 化粧がうまくできない	0.70	0.01	0.27	0.563
277 美しい姿勢にならない	0.66	0.24	0.04	0.495
287 自分に合う色がわからない	0.62	0.22	0.16	0.458
288 持ち物服装による自己表現ができない	0.57	0.16	0.29	0.435
273 顔が赤くなる	0.39	0.11	0.29	0.248
258 人の眼を見ることができない	0.00	0.88	0.08	0.781
263 見つめられると怖い	0.12	0.84	0.14	0.740
260 じっと見つめられた時どうしてよいかわからない	0.29	0.78	0.08	0.699
261 人の顔を見ないで話してしまう	0.22	0.70	0.04	0.540
299 ひっこみじあん	0.38	0.53	0.16	0.451
275 歯が白くないから歯を見せて笑えない	−0.06	0.07	0.84	0.714
274 歯並びが悪いから歯を見せて笑えない	−0.04	−0.04	0.83	0.692
271 話を聞く顔が怖いと言われる	0.26	0.09	0.71	0.580
266 口を開けて笑うことができない	0.15	0.29	0.62	0.491
262 目つきが鋭い	0.25	0.07	0.48	0.298
寄与率(％)	31.2	13.8	10.9	
累計寄与率(％)	31.2	45	55.9	

注：第１因子　アドーンメントとキネシクスの外見的悩み(a=0.80)
　　第２因子　相手の視線が気になる悩み(a=0.83)
　　第３因子　顔の表情の悩み(a=0.78)

佐藤綾子：「人間関係づくりにおける非言語的パフォーマンスの研究」、実践女子学園学術・教育研究叢書５、p.117、2003

項目でした。

①歯が白くないから歯を見せて笑えない

②歯並びが悪いから歯を見せて笑えない

③話を聞く顔が怖いと言われる

④口を開けて笑うことができない

⑤目つきが鋭い

というわけです。

ところが、どうでしょう。

前述の75歳の女性たちときたら、歯並びも歯の白さも折り紙つきにはほど遠い。

しかし積極的に笑い、笑った結果、この20代、30代の人と同じアンケートで、若者たちとまったく同じように、「笑顔を心がけることができる」、「自分らしい笑顔ができる」、「変化のある表情ができる」の、5項目中3項目について大いなる自信を増していることがわかったのです。

これに関連するものとして今回の75歳論文の表4「アンケート結果のt検定」を見てください。

心から楽しくてアッハッハと笑うときに、若いときは、やれ歯並びだ、歯の色だと見栄を繕っていたのですが、高齢期ともなれば、そんなことに遠慮なしにアッハッハと笑う。笑ったことで自分らしい笑顔や表情ができているという自信がつく。


つまり、高齢者にこそ、笑いは効くのです。そして、笑うことに何の憚りもないところが強みです。

好奇心の「アハッ」体験はアンチエイジング

茂木健一郎さんが面白いことを書いておられます。笑いを起こすメカニズムの1つに洞察の問題があるというのです。

「洞察の問題とは一種の『アハ！体験』のことである。さまざまな要素がパズルのようにカチカチとはまっていき、『あ！　そうか』とわかった瞬間に笑いが起きる。つまり笑いとは一種の発見であり、閃きなのだ」と言うのです。

日本のお笑いの場合は、テンポよくたたみかけていって、オチを作るメカニズムが多いのですが、彼はお笑いの「まわりオチ」や「考えオチ」など、いくつかの例も具体的に出しています。

こんなふうに、緊張していた脳が、笑ったことによって一気に緊張緩和を体験し、笑いが脳を「脱抑制」させる効果があるというのです。そして、この脱抑制には単に緊張を解くだけにとどまらず、脳を活性化する効果があると書いています。

脳細胞は、脳を抑制しているので、言ってみればリミッターを外すことさえできれば、蛇口から水が出るように活発に動き始めるというのです。笑いにはそのリミッターを外す作用があって、人間の脳がクリエイティブになるというわけです。

クリエイティブで、頭が柔らかい。これぞまさに若者の象徴ではありませんか。ちょっとしたお笑いを聞いたり、人の話を聞いたり、パッと見にはわからないような本を読んだり、テレビのクイズを見たりしたときに、考えて、その解答がわかり、アハッと、しめた、これだ、という閃きを得る。この「アハッ」体験が脳を活発にさせる、つまり脳を若返らせているというわけです。

ここで正直に私のホンネを書かせていただくと、「アハッ」体験は、クイズ番組で最近の20代や30～40代のタレントさんを見ている限り、「若いくせになんでこう反応が鈍いの？」と驚くことがあります。

たぶん、時事問題も国語の基礎知識も足りないために、「アハッ」と閃かないのでしょう。「オソいよ」とテレビの前で言うのは私のほうなのですから。

その証拠に話をしていて、突然手を打って、「ああ、そうだったのですか」、「なるほど」などと活発に合いの手を入れてくれる人は、年齢が何歳であれ、若々しい顔をしています。

結局、「アハッ」体験がアンチエイジングになっているのでしょう。

そもそも好奇心というのは、小さな子どもや成長盛りの子どもたちの常であって、年をとるとだんだん好奇心も薄くなり、したがってその好奇心に対する解答の「アハッ」体験も減っていくと思う読者も多いことでしょう。でも、面白くても面白くなくても、いったんニッコリ笑ってしまえば、**笑者は勝者**。笑ったことで脳が自由になり、すべてのことが逆に面白く感じるのでしょう。

笑いは無料アンチエイジングです。どんどん笑いましょう。

第3章

介護の相手と
最大限楽しく向き合う

今すぐ使える
パフォーマンススキル

「愛の反対は無関心だ」と覚えておこう

誰かを「好き」と言えば、その反対は誰かを「嫌い」となります。では、「愛」の反対は何でしょうか。「憎しみ」に違いないと思うでしょうか。

実はこれについてあのマザー・テレサが素晴らしい言葉を残しています。「愛」の反対は「無関心」であるというのです。

介護の仕事は忙しい。したがって、例えば1人の高齢者の体を洗っているときに別の高齢者が話しかけたりしたら、聞こえないふりをして入浴補助のほうを一生懸命やるというのが介護施設でもごく頻繁に起きている行動パターンでしょう。ところが、マザー・テレサは、「愛」の反対は「無関心」だと言っているわけです。

前に述べたように、高齢化に伴い、自分ではできないことが増えたり、孤独感が増えたり、不安感が増えて、依存欲求や依存行動が増えてきます。

この依存欲求と近いところにあるのが「愛の希求（愛情を与えてほしいという欲求）」です。この愛の希求（ケスト・フォー・ラブ）は、満たされればそこで満足して小さくなるのですが、満たされないとどんどん大きくなり、不足を感じるわけです。

高齢者の場合の愛の希求は、若いときの恋愛のような異性愛欲求や、いわゆるエロスの愛とは違います。ただ、自分に関心を持ってほしい、自分の悩みに寄り添ってほしいという愛の希求です。どちらかというと、動的というよりは静的な愛の希求でしょう。大きい声で叫ぶわけではない。けれども、一定の慎みを持って、愛情を自分に与えてほしいという気持ちをひょっとした目の合図や、「あのう」という言葉掛けで表現したりします。そこを介護する人は、ぜひ気づいてほしいのです。

何か自分を呼び止めているらしい。一生懸命何か言いたげにこちらを見つめている。こんなことに気づいたら、直ちにその反応行動のすべてができなくてもかまいませんから、「あ、今すぐに行きますね」とか、「ちょっとだけ待ってくださいね」と、穏やかな声とにこやかな顔で言葉を返してほしいのです。

無視することとは憎しみとは違うけれど、まさしく愛の反対側にある行動です。スルーしたり無視したりすることが、高齢者の気持ちを大きく傷つけることがあります。

「ユマニチュードケア」は日本人のほうが向いている

イタリア人やアメリカ人、ラテン系の人々を見ていると、何でもどんどん言葉に出し、イエス・ノーをはっきり言います。

昔、石原慎太郎氏が盛田昭夫氏と共著で『「NO」と言える日本』(1989)という本を書きましたが、イエス・ノー、殊にノーをはっきり言わず、なんとなく曖昧に微笑んで、自分の気持ちを我慢しているという美意識が日本人には長らくありました。

言葉で契約書を書いたり、「約束します」と手を挙げて宣誓したりしないで、なんとなく相手の気持ちを付度し、お互いにうまくやるというのが私たちの「高コンテキスト文化(状況が高くものを言うので、言葉や文字で言挙げする必要がない文化)」(E・T・ホール)だというのです。

そこでは「沈黙のメッセージ(サイレントメッセージ)」がものを言います。あまりはっきりと口で言わない。では何で言うのでしょうか。目の動きや笑顔、ちょっと体を相手に近寄らせていくという距離の接近などによって、自分の気持ちを微妙に表現するのが私た

図1　ユマニチュードのパフォーマンス

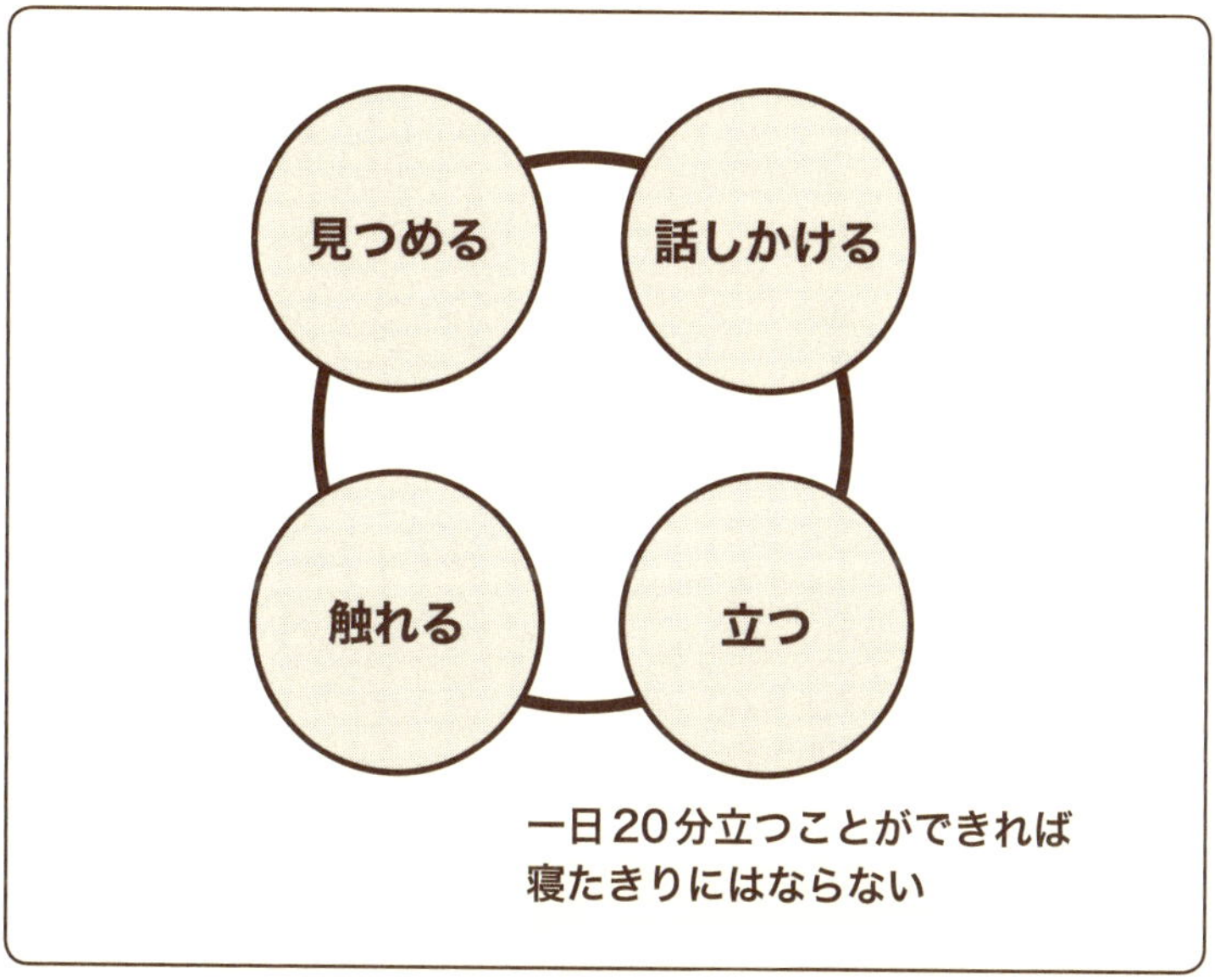

イヴ・ジネスト＆ロゼット・マレスコッティ：「ユマニチュード入門」(2014)を参考として
佐藤綾子：「カウンセラーのためのパフォーマンス学」(金子書房、2015)にて図初出

ち日本人の特徴です。

ここに国家問題の解決策になるかもしれないと目をつけて科学的に取り組んだのが、フランスの「ユマニチュードケア」です。高齢者が増え、医療費がかさんで困るフランス政府は、マレスコッティとジネストという2人の体育教師に解決策を呼びかけました。そこで出てきたのが「ユマニチュードケア（人間らしいケア）」です。

この研究結果でわかったのが、高齢者や認知症の患者さんに対して微笑みかけてあげ、ちゃんと目の高さを合わせて見つめてあげ、そして、そっと手を添えたりしてタッチしていくという3つの要素の大切さです。

この3つをちゃんとやれば、高齢者が寝たきりにならず、立ち上がって自分で一生懸命歩き出すというのです。認知症ケアに効果がある対策であり、人間を人間らしく扱うことです。高齢者にただ単に「そこのおばあちゃん、アーンしてね」と言ったような言い方ではなくて、人間の尊厳ある相手として接する。

そのために必要なスキルが、きちんと見つめ、微笑みかけ、優しいタッチをするというものだったのです（図1）。

「見つめる」は、「水平に目を合わせる」こと。このことによって平等感を表します。そして、「正面から見る」は、正直と信頼を表します。「顔を近づける」は、優しさや親密さを表します。「見つめる時間を長くとる」ことは、友情、愛情を示します。0．5秒以上のアイコンタクトを何回も取りましょう。これがユマニチュードケアの基本です。

フランスでは、知覚、感情、言語による包括的コミュニケーションのケアとして有名になりましたが、考えてみたら、日本人は昔からこんなことはちゃんとやっていました。

日本人は言葉で言挙げしたり、契約書を取ったりすることが苦手な国民だけに、逆に言葉に頼らずに見つめたり、話しかけたり、触れたりすることによって相手をケアしようというやり方は得意中の得意です。

そのことによって1日20分間立つことができれば寝たきりにはならないというのですから、ユマニチュードケアはまさに日本人の十八番。どんどんやってみましょう。

人間的にケアするスキルをきちんと使うことによって、それで寝たきりが減ったり、認知症の攻撃性や徘徊するお年寄りが元に戻ったりすれば、素敵なことではありませんか。実際、この方法をやって、怒りっぽかった介護施設の入居者が穏やかな顔になったりしたケースは、今までもいくつも報告されています。

言葉より確かな非言語を見落とさない

研究者たちのあいだでは、私が表情から嘘を読み取るのがあまりにも的確なので、「人間嘘発見器」というあだ名がついたり、「非言語表現の専門家」というようにいわれたりしています。

この特殊才能や研究データを頼りにして、年間50本ほどの新聞やテレビでの政治家の心理分析が私の仕事にもなっています。6日に1回は表情分析をやっているという計算です。

例えば読者の皆さんの周辺でも「あなたを愛しています」と言った男性が心の中では、「別の○○子さんに何時になったら会えるのかな」と考えているというような、言葉と非言語が矛盾することは人間にはよくあることです。

そのときに、言葉と顔のどちらがより正直にメッセージを発信しているでしょうか。

中にはもちろん、プロの嘘つきがいて、言葉とともに表情でも平気で嘘をつける人がいますが、一般的には、非言語は言葉よりも正直です。

例えば瞬き1つとってみても、私の実験データでは、対話中の1分間の瞬き回数（アイブリンク）は、37.36回が平均的です。約37回というわけです。これをはるかに超えてパチパチと瞬きをすれば、嘘をついたり、自信がなかったり、心配なことがあったりするという気持ちが内心にあります。また、元気がないときは表情筋の動きが減ってきます。私の実験データでは二者間の対話の中で「中立（ニュートラル）」といって28秒間ぐらい表情が動かないのは普通ですが、元気がないときは表情が固まり、表情筋の動いている時間が1分間の中で10秒もなかったりするケースもあります。

例外は別として、スマイルの平均値は1分間あたり34秒、アイコンタクトの平均値は1分間あたり32秒が普通に生活している日本人の平均値です（前出、佐藤綾子「人間関係づくりにおける非言語的パフォーマンスの研究」）。

このようなアイコンタクトやスマイルの秒数が減り、無表情が増えて、瞬きが増えたら、どうも調子が悪いなというサインです。

これは「何かありましたか」と聞いて、「別に」という答えが返ってきても、何か不都合が起きている印です。決めた薬の回数を忘れて飲み忘れてしまったのかもしれません。

あるいは、「お薬が足りませんでした」と言いながら、実は決まった錠数や回数よりも余計に飲んでしまったために薬が終わってしまったのかもしれません。

言いにくいことはつい黙っている。遠慮でも黙っている。もちろん、嘘をついても黙っています。プライドが邪魔している場合も黙っています。そんなときには、言葉を信じるよりも、むしろ顔の表情をしっかり見てください。アイコンタクトは確かか。スマイル秒数は減っていないか。瞬きは増えていないか。そんなことに気をつけて、朝の挨拶、夜の挨拶をするほんの2、3秒間でいいので、しっかり顔を見つめてみましょう。

前に、ティモシー・ウィルソンの1秒間に1100万要素の情報が目から入り、そのうち40要素を脳で処理するという研究をご紹介したのを思い出してください。非言語は確かなメッセージをすばやく発信しているのです。

どんなに忙しくても、1秒、2秒、3秒、相手の顔をしっかり見て、そこから発信されるメッセージを見落とさないようにしてください。

表情と共に、身体動作にも人間の気持ちはよく表れます。


むやみに自分の手や爪を触ったり、近くの花瓶を撫でたりしているときは、「適応動作」

といって何か外界に対してストレスを抱えている場合が多いのです。「心配事がありますか」と声をかけてください。

時短のコツは上手な非言語発信から

「いくら話しても入居者がよくわかってくれない」とか、「何回言ったらわかるのでしょう」とか、「ちゃんと聞いてくれない」という苦情をケアマネジャーや介護福祉士の方たちから聞くことがあります。

私はいくつかの介護付きマンションや介護施設に勤務する方々の研修をしているので、それが本当であることもよくわかっています。

言葉できちんと説明できない高齢者がいればいるほど、仕事の能率は下がります。１人の人の相手をするのに時間がとられてしまうからです。

そこでつい、「ちゃんと聞いてくださいよ」と言ったり、「何回言ったらわかるのですか」と強い言葉に出したり、あるいは、顔に攻撃や非難の色を出してしまうことがあります。それが目の前の高齢者をより不安にさせたり、怯えさせたりします。あるいは、認知症などで攻撃性を持っている相手に介護者が攻撃的な表情をすれば、相手はより一層攻撃の傾向を強くして、「なんという生意気な介護者だ」と物を投げたりする場合もあります。実際に私が研修をしている中でも、こういうケースは何度か聞いています。

それぞれの作業に時間を食うことに介護者のほうはイライラする。ご飯を食べるならば決まった時間にきちんと食べてくれればいいのに、ダラダラ食べている、あるいは食べ忘れてしまう。着替えでも何でもノロノロやるというわけで、つい「もっと早く」などと急かせるわけです。言葉で急かせると、とたんに相手には攻撃として受け止められます。

そこで、上手に使えるのが非言語なのです。きちんと目を見て、話を聞いたときは、うんうんと首を振って頷いて、聞いたというサインを送りましょう。

何か話をしたら、「まあ、ビックリした」、「すごい」というように顔中の表情筋を全部大きく広げて、驚いたという感動を伝えたり、悲しみであれば鼻根筋を寄せて眉をひそめ、悲しい顔を見せましょう。これらのことは一瞬のうちにできることです。

言葉でいろいろな返事をするよりも、もっと端的に介護者の気持ちを高齢者に伝えることができます。その結果、相手が協力的に動き出すので、仕事は時短になるのです。

「好意の総計」という全国にも知れ渡っている私の統計を1つご紹介しましょう。

好意の総計（トータル・ライキング）100％
＝言葉（バーバル）8％＋
声（ボーカル）32％＋
表情（フェイシャル）60％

図　AS日本人の好意の総計

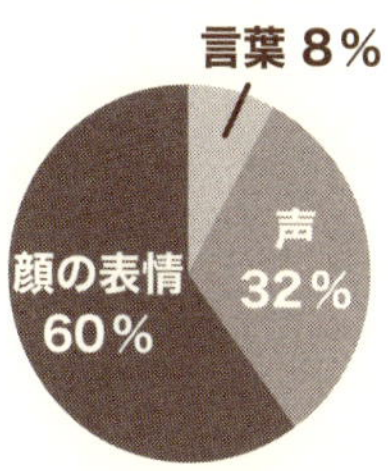

佐藤綾子、1994、
実践女子大学研究室データ

これは、この人を好きか嫌いかと決めるときに、言葉そのもの、声、顔の表情の3つを選択肢として実験データを取ったのですが、顔の表情が一番大きなパーセンテージで好意を決定していることがわかりました。

これはアメリカの心理学者マレービアンの「Thank you」、「please」、「well」などに倣って、私が「ありがとう」、「どうぞ」、「どうも」の3語だけを使って、1人のモデルの顔の表情と声、言葉を変えて実験データを取ったものです（詳細は「自分をどう表現するか」1995、佐藤綾子、参照）。

非言語を大事にしましょう。それが時短の最大の武器になります。

「積極的傾聴技法」で相手に満足してもらう

「積極的傾聴技法（アクティブリスニング）」は相手を満足させる良い技法です。目を輝かせ、相手の言葉をときには、「それはAとBとCの3点ですね？」などと要点整理をしながら、よく聞いてあげること。これをされると話し手は本当にうれしくなります。自分の自己表現欲求が満たされたからです。

自己表現欲求は、自分らしく生きていきたいという最高次元の自己実現欲求に対する条件欲求で、自分の言うことがちゃんと聞いてもらえたということで満足し、満足した気持ちが自己実現に向かうエネルギーとなっていく仕組みです。

傾聴については、私の『「察しのいい人」と言われる人は、みんな「傾聴力」をもっている』（講談社＋α新書、2013）を読んでいただければ詳述してあります。大雑把にいえば、次の3点です。

①相手に感情移入して聞く

②自分の感情をコントロールして聞く

③よく聞いた上で適切な質問をすること

介護の中でこれが何よりもいいことは、高齢者の多くが自分の話を聞いてほしいと思っていて、よく聞いてくれる人には好感を持つことです。このことはパフォーマンス心理学の「好意の返報性」（レシプロシティ）という言葉でも表現されます。自分の話をよく聞いてくれた人だから、今度この人の言うことは自分もよく聞こうという気持ちです。

介護で忙しいからといって、ろくすっぽ耳を傾けなければ、いざ介護者が緊急のことを言っても、今度は高齢者のほうがよく聞いていないということになります。

日頃の積極的傾聴技法が相手の気持ちを満足させ、介護者とのあいだに強い共感関係、ラポールを形成することになり、ラポールが一旦できてしまうと、お互いの言い分をお互いが気楽にリラックスして聞きとれるようになり、とてもいい関係で介護の仕事ができるようになります。

物語は情報の宝庫・認知症特効薬

物語といえば、何か作家の作った物語を連想するでしょう。でも、高齢になってくると、長い人生を過ごしてきた中で、その人、一人一人にたくさんの物語があります。この物語を上手に引き出すことで、介護する側も貴重な情報を得ることができるのです。

医学界でも今、ＥＢＭ（データなどの証拠にもとづく医療）からＮＢＭ（物語にもとづく医療）へという1つの傾向があります。エビデンスはもちろん血圧を測ったり、体重が増えた減った、血糖値などのいくつかの科学的証拠です。

けれど、実は相手が普通に話す日常の物語（ナラティブ）の中に本当の治療のヒントがたくさんあるということに今、医療関係者が注目をしているわけです。

日野原先生が大変尊敬していたアメリカの医師、オスラーの言葉の中にも、「患者の話をよく聞きなさい。医療の答えはすべて患者の中にある」という名言が出ています（「平静の心―オスラー博士講演集」１９８３）。

食欲がなかったり、不眠症だったりする患者さんをいくら調べても原因がわからない。けれど、医師や介護者が打ち解けていくうちに、嫁とうまくいっていないだとか、別のところに住んでいる娘からちっとも手紙やメールが来ないといったような、ちょっとした情報を物語るようになります。そこに家族療法や医学の治療法のヒントが見つかるというわけです。

さらには、自分の物語を一生懸命することで認知症が軽減していくということに注目している医師たちもいます。これについてもたくさんの専門書が出ているので詳細はそれぞれの専門書に譲りますが、「認知症治療28の満足」（河野和彦著）などはわかりやすく簡単に読めます。

いろいろ認知症の人々と話をしているうちに、その人がすすんで、「戦争中は食べ物がなくて、こんな苦労をしながら食べ物を手に入れた」とか、「子育てにはこんな苦労をしたけれど、おかげでいい子が育った」というようにスラスラと自分の過去の物語を紡ぎ出す場合があります。こういう時間が増えていくと、脳の働きも活発になり、認知症が軽減されていくというのです。

介護や治療の答えが物語の中にあり、かつ物語ること自体が認知症の特効薬になるならば、これまたとくに薬を使ったりする必要もなく、いつでも実行可能ではありませんか。「また同じ物語を聞かされるのか」などと思わないで、積極的に高齢者の話を聞いてあげましょう。

物語ること（ナラティブ）自体が特効薬になり、しかもその中には、よい介護ができるヒントがたくさんあるのですから、まさに物語は一石二鳥なのです。

ペイシングで相手を安心させる

カウンセリング学には「ペイシング」という技法があります。日本語にうまくピタリと嵌まるものがありませんが、「相手に調子を合わせること」と言えば一番近いでしょうか。

例えば、ゆっくりゆっくりと話す相手にはこちらもゆっくりと返事をして、せかせかと答えを急がせないようにしましょう。逆に、相手がせっかちで早く答えを欲しいと思っているのならば、正しい文章で話そうなどと理屈を考えているよりは、「大丈夫、わかったから」と早く答えを出してあげましょう。

話の速度、あるいは丁寧かカジュアルか、全部相手の話し方を基準にして、介護する側が自分の話し方を変えていくわけです。

「おばあちゃん、あーんしてね」というような言い方が大嫌いだという、プライドが高い高齢者もいれば、「おばあちゃん」と言われて、「アッハッハ、そうよ、私はおばあちゃん」と平気で笑う人もいます。友達言葉で話しかけるのを喜ぶ人もいれば、「お食事の時間でございます」というような丁寧な言い方が好きな人もいます。

日頃の相手をよく観察していれば、速度や丁寧さの度合い、カジュアル度、プライドの大小など、さまざまなことがわかります。そこに介護者のほうですべて調子を合わせていくわけです。

類は友を呼ぶという言葉もあるとおり、なんとなく自分と価値観や話の速度、丁寧さの度合いなどが合っている人と話すことは快適です。そこが揃わないとイライラする場合もあります。

だからといって、高齢者のほうから介護者にそれらを合わせていくというのはなかなか大変なことですし、ほぼ不可能です。ここまで暮らしてきた中で高齢者には独自のペースが決まっているわけですから、介護する側がそれに寄り添っていくほうがよほど簡単です。

このペイシングがうまくできると相手がリラックスし、安心します。リラックスして安心しているほうが、結局は食事でも投薬でも入浴でもうまくいくわけです。

怖がったり緊張させたり、相手の気持ちとのあいだに乖離が生じていると、何をやってもうまくいきません。ペイシングは介護にはとても大切な技術です。

論理だけで人は動かない

自分が疲れていたり、悲しかったり、目の前の相手が嫌いだったりするときには、たとえ相手の言っていることが正しいことでも、理詰めで迫られると、つい反感を持ちます。「そんなふうに言っても、できませんよ」と言いたくなったり、「あなたに言われたくないですよ」と感じたりします。

このような感情的反発を招かないためには、まず相手に論理的に迫るのではなく、相手の好感や親しみ、尊敬などのポジティブな感情に働きかける必要があります。

これについてはわれわれの大先輩、紀元前３３０年のアリストテレスがすでに立派な理論を発表しています。「弁論術（レトリケス）」で彼は、相手が自分の言うことを聞いてくれるためには、３つの事柄が必要だと説いたのでした。

それが「**ロゴス**（論理性）」、「**エトス**（信憑性。この人の言うことは本当だという信頼感のこと）」、そして「**パトス**（相手の感情にアピールすること）」の３点でした。この３つの力が揃ったときに、聞いた相手が「なるほど、この人の言うことは本当だ」と思ったり、感情的にも「いいことを言ってくれるなあ」と思って受け入れるというわけです。

そこで介護従事者がとくに気をつけなければいけないことがあります。介護を学校で勉強したり、専門書で学んでくると、どうしても論理的に話したいと思うし、論理的に正しければ聞いた人は納得すべきだと思い込んでしまいます。

けれど、その前に「今日は健康そうですね」というようなスモールトークで相手を安心させ、「いつも山田さんとお話しすると楽しいですよ」というような好意も伝え、相手とのいい関係（ラポール）を作って、その上で「実はこの薬の飲み方ですが、ちょっと今までと変えなければならない理由があります」というように論理を話してあげましょう。

そうすると、介護者に好感を持っているので、高齢者のほうも一生懸命聞き、結果的には提案どおりに事が動いていきます。

論理で先にねじ伏せようと思ったり、論理的に伝えれば相手はわかるはずだというのは、高齢期の相手にはとても難しいことです。感情的に「この人がいいなあ」と思わなければ動かないでしょう。それだけ小さい子どもと違って、一筋縄ではいかないというのも高齢期の特徴です。

まず感情で相手を捉えましょう。そして、エトスについては、過去の実績が一番大事ですから、お約束したことは介護者のほうもちゃんと守りましょう。

何歳でも「リスペクト」が欲しい

「リスペクト」という単語がここ数年、若者たちのあいだで流行っています。「相手に対してリスペクトを持っているかどうか」、「自分がリスペクトされていない」というような言い方でよく使うのです。

リスペクトのもとになる欲求は、もともと人間に不可欠な「自尊欲求」です。自分を認めてほしい、自分の人間としての尊厳を守ってほしい、自分を尊く価値ある人として扱ってほしい、という感情です。

この自尊欲求は、人間の成長に従って、ちょっと形が変わってきます。小さい頃は、学校の先生やお母さんが褒めてくれるとなんだかうれしくて、自尊欲求が満たされました。会社に入れば、実績を上げたり、地位が上がったり、給料が上がることで自尊欲求が満たされます。素晴らしいアルマーニのスーツを着たり、高級宝石を身につけることで自尊欲求が満たされる人もいます。

ところが、介護施設に入ったらどうでしょうか。

「部長様」と呼んでくれる人もいなければ、「素晴らしい宝石ですね」と褒めてくれる人もいない。「あなたのプレゼンは素晴らしかった。きっと今度の企画は通るでしょう」などと実力を褒めてくれる人もいない。

ここで、成長期、あるいは社会の仕組みの中で、自尊欲求が相手からの承認、称賛によって満たされていた人は、ガクンと傷つきます。自分はなかなかリスペクトされていないと感じるわけです。

おまけに高齢者に向かって、「あーん、お口あけて、おばあちゃん」などと呼びかける介護者もたまにいます。実際、私も介護施設をいくつか見に行ったときに、目の前でこの「あーん、おばあちゃま」が起きました。言われた方はこの介護者とのあいだによほどい共感関係（ラポール）ができているのか、すなおにあーんと口を開けていました。

でも、同じ介護者に聞いたら、それをやってひどく怒らせてしまった相手もあると言っていました。共感関係ができていないのに「あーん」はやはり、赤ちゃん扱いをしていると相手は感じるでしょう。

別に敬語でなくてもかまいませんが、何歳になっても自尊欲求があるということを忘れないでほしいところです。あの阿川佐和子さんにお会いしたとき、愉快なことを言っていました。お父上の介護がなかなか大変だったと笑わせたのですが、その時に見た介護施設で働く人たちの苦労に触れて、「大会社で部長だった人が施設に入ってくると、介護者は大変です。『部長様、オムツの交換の時間ですが、よろしいでしょうか』なんて言わなくてはならないですから」と。

聞いた人たちは大笑いしましたが、実は笑っていられないほど深刻な問題でもあります。「部長様」と呼ばれていた人が「302号室の田中さん」などというふうに、「○○号室○○さん」だけで統一されてしまいます。認知症や徘徊が発生すると、リストバンドに番号と名前がついていたり、首から名札をかけていたりします。

この場合でも、高齢者の側にもう自尊欲求がまったくなくなって、「どう扱われてもいいや」と思うくらい意識が緩くなっている人は怒らないかもしれませんが、一般的には怒りを感じて、「私はまだボケていないですよ」と声に出して介護者に文句を言う場面を見たこともあります。

やはり何歳でもリスペクトが欲しい。それだけは忘れないで、赤ちゃんを扱うような言葉使いは控えて、別に「部長様」と呼ばなくてもいいですが、人間としての尊敬の気持ちを常に持って接しましょう。

「意味ある役割」を作ってあげる

80歳の元教授のA先生が介護施設に入所しました。ごく最近まで大学で嘱託として仕事をした先生としては、介護施設に入ったからといって急に「103号室のAさん、お食事ですよ」と呼ばれるような生活では物足りないに決まっています。

案の定、入所してから1か月ほど経った時に、お嬢さんから電話がかかってきました。

「父がほとんどしゃべらなくなり、表情に力がないです。ぼーっとしてテレビばかり見ています」と言うのです。

奥様の逝去がきっかけで施設に入ったのですが、まさかA先生がぼーっとしているなどとは考えにくいことです。すぐに飛んで行きました。確かに、昔の話をすると少し微笑みが出るのですが、A先生らしい生き生きとした感じが全くありません。

差し入れのフルーツや本を置いて、ひとまずお暇し、さてどうしたものかと考えていたら、数日後にまた電話があり、お嬢さんが「いいアイデアが閃いて、実行したら効果が出ているので見に来てください」とのこと。

先生の部屋に到着して、まず入り口で「エッ」と目を見張りました。入口に小さなプレートが貼ってあり、「Aカウンセリングルーム」と表札が出ていたのです。ここでカウンセリングルームをやっていたとは！

誰が来るのかしらと、好奇心いっぱいで話を聞いて、二度びっくりです。先生が「昨日はね、なかなか家族がお見舞いに来ないYさんというおばあちゃんが来て1時間話し込んだんだよ。そういえば一昨日も別のおばあちゃんが来て、先生の顔を見ると元気が出るって握手をして帰りましたよ」と生き生きとした顔でおっしゃったのです。

プロフェッショナルカウンセラーとしての役割がここでも果たせているのが、先生にはとてもうれしかったのでしょう。施設に入ってしまえば「ロールアクト（社会的役割演じ）」であった「教授」を演じることはできません。しかし「カウンセラー」であれば、充分ここで活かせるというわけです。お嬢さんの見事な得点でした。

そこですぐ思い出したのが、私が研修している介護付きマンションであった、もう1人の女性の例です。71歳のSさんは、銀行員だった御主人が他界して、子どももいなかったので、1人でそこに越してきました。そこで何気なしに自分のパッチワークのクッションを仲間に見せたら「教えて、教えて」となったとのこと。今では1か月に1回パッチワークの教室を開いて、みんなから喜ばれ、お礼を言われて、生き生きとしています。

周りの人から「パッチの先生」と呼ばれて、「ありがとうございます」と言われるのが本当に生きがいだと言います。「ロールアクト」は必ずしもお金にならなくてもいいのです。

介護スタッフは入所者の話をよく聞いて（前述、ナラティブ）、その物語の中から意味ある役割「ロールアクト」を何かしら見つけ出して、活躍できるポジションを作ってあげましょう。これは、高齢者が一番輝く理由の1つにきっとなります。

「食事フレンド」で孤独感脱出

最近、東京の介護施設と、関西の介護施設で2か月に各1回ずつ講演・研修をしました。その時に面白い言葉を思いつきました。「食事フレンド」です。

簡単に言いましょう。東京のTさんは、ご主人が昨年亡くなったばかりです。最初は2人で一緒に介護付きマンションに住んでいました。そして室内にあるキッチンで彼女が2人分を料理していました。ところが、ご主人がいなくなったので料理する気がなくなり、共通のダイニングスペースでみんなと食事をすることにしたのです。

でも、今まで夫とだけ話をしていたので、見知らぬ人たちがわいわいと楽しく食事をしている仲間になかなか入っていけません。そこで内心「なんだか寂しいな」と思いながら食べているので、だんだん食欲がなくなってきました。

これに気づいたのは、介護責任者のMさんです。Mさんは彼女に近寄っていって、

「食欲ないのですか?」

「だって1人で黙々もね」

「では、私が誰かお探ししましょうか？」

「そうね。そんなことできるの？」

こんなやりとりの後、Mさんの介入でTさんには「食事フレンド」が見つかり、今ではすっかり孤独を脱出することができたとのこと。


「食欲」は心理学的に分類すると「攻撃欲求」ととても近い欲求です。食べて、力をつけて、何かをやろうと思うわけですから。だから食欲が出ないことは、その人に何らかの強い不調や不満や寂しさの感情があるというサインです。介護スタッフは何よりもここに注意しましょう。そして早く「食事フレンド」を見つけてあげましょう。

食事フレンドは高齢になればなるほど効果的な方法です。食事をするときは誰でも気が緩みます。その時間を話のわかる仲間といさせることも、元気で長生きをしていただくコツのようです。

悪玉ストレスを善玉ストレスに変える方法

もともとハンス・セリエがストレス研究をスタートしたときは、生理的なストレスだけでした。

ひどい寒さや暑さにさらされたり、傷が痛かったりする状態をストレスと呼んでいたのです。ところが、だんだん現代社会が進むにつれ、「人間関係のストレスで昨日は眠れなかった」とか、「ストレスで自律神経がおかしくなった」などと話すように、生理的ストレスよりはむしろ心理的ストレスのほうが大きい傾向になっています。

人間の心に何らかの重石をかけてくるものをすべて「ストレッサー」と呼ぶのですが、このストレスについても、パフォーマンス研究の中の大きなテーマとして、ほぼ25年間ほど私もストレス研究をやってきました。

その中で面白いことに気づいたのです。生理的ストレスはともかく心理的ストレスになると、同じストレッサーがふりかかっても、受け手の資質によってまったくそれが逆の「善玉ストレッサー」になったり「悪玉ストレッサー」になったりするということです。

図2　ASストレス分析　個人差4パターン

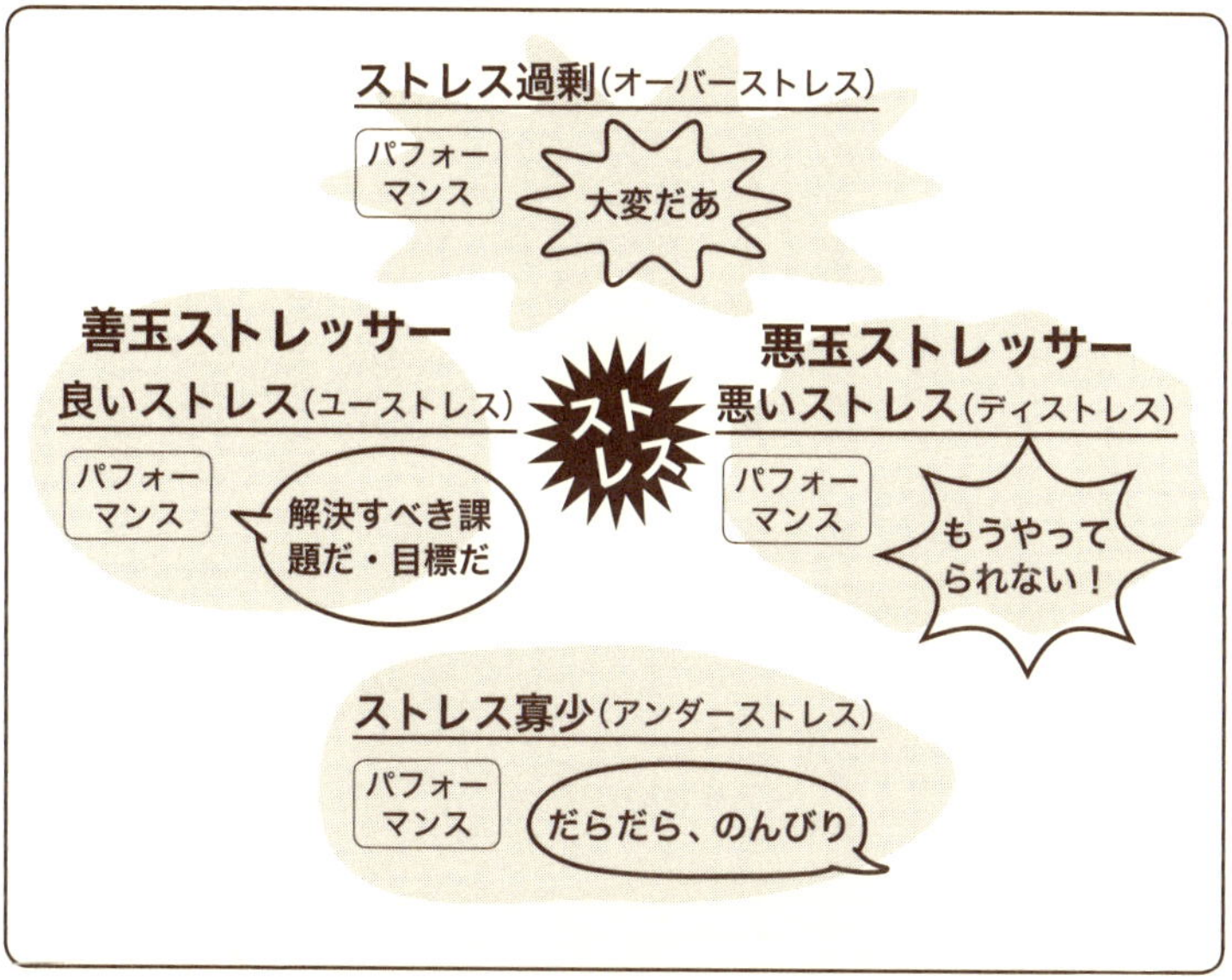

2017「佐藤綾子のパフォーマンス講座®」テキストより

有名な研究では「課題ストレス」というのがあります。

英語や人前でのスピーチがとても苦手な人に、「1週間後英語でスピーチをしなさい」と課題を与えると、それが苦手な人は眠れなくなったり、食欲がなくなったりします。

ところが、スピーチが得意、あるいは英語が得意という人は、1週間後が楽しみで仕方がないから、いそいそと練習に励むわけです。そして、当日やってみて成功すれば、「やったー」となり、この成功体験がさらにまた新しいファイトを与えてくれるという傾向がわかったのでした。

こうなると同じストレッサーでも、本人の資質によってプラスとマイナスがまるきり変わったということがわかります。

これを図2で見てください。善玉ストレス「ユーストレス（eu-stress）」と、悪玉ストレス「ディストレス（de-stress）」です。ストレスは、その人がこれを「解決すべき課題だ、やってみよう」と受け止めたときには、悪玉どころか善玉ストレッサーになって励みになります。

また、ストレス過剰とストレス寡少についても特徴があり、ストレスが大き過ぎれば、「もうやってられない」となりますが、ストレスが少なすぎても、のんべんだらりとしてしまう。これが今までの研究で私がつかみ出した原則です。

これについて最近、大量のデータに基づいて新しい研究がアメリカで発表されました。「スタンフォードのストレスを力に変える教科書」（ケリー・マクゴニガル著）です。

ケリーは実例として面白いことを紹介しています。仲間のアリア・クラムの実験ですが、ホテルの客室係は業務が大変で、1時間に300キロカロリーも消費しているというのです。シーツを換えたり重いリネンを運んだりすれば、確かにそうでしょう。一方、キャリアウーマンのオフィスワークでのカロリーの消費量は、1時間あたり約100キロカロリー。

そこで、このホテルの客室係たちで、「忙しいし、大変だし、スポーツクラブにも行かれない」と嘆いてちょっと太り気味な人たちに、「あなたたちの毎日の労働は、スポーツクラブでのエアロビクスや時速5．6キロのウォーキングなどに匹敵していますよ」と話してあげたのです。

すると、どうでしょう。4週間後、クラムが客室係たちの体の状態をチェックしたら、スラリとして、なりたい体型になり、それればかりか、客室係の仕事が楽しいと報告してくれたというのです。正しいデータを理解することで悪玉ストレスが善玉ストレスに変わった瞬間です。

そういういくつかの実験をもとにマクゴニガルは重要な指摘をしています。「ストレスの欠如は人を不幸にする。忙しい人ほど満足度が高い。退屈は死亡リスクを高める」というのです。

また、チャレンジ精神がある人は、オキシトシンというホルモンが分泌され、最高のパフォーマンスを発揮することができるという実験も紹介しています。医学的にも、体型的にも、やる気においても、ストレスはいい影響を与えているというわけです。

長くストレス研究をし、実際に善玉ストレスと悪玉ストレスがあること、悪玉ストレスを善玉ストレスに変えるのは、その人がこれは「困った問題だ」という言い方ではなくて、「解決すべき課題だ。やってみよう。できたらうれしいな」というパフォーマンスに切り替えることで転換すると私は絶えず提唱し、データも取ってきたのですが、マクゴニガルがこれを証明したことになり、うれしいことです。

忙しい人のほうが善玉ストレスを抱えて頑張ることができるというのですから、介護が大変だと言わないで、「介護は解決すべき課題であり、社会にとっても、相手にとっても、自分にとってもいいことなのだ」と絶えず口に出して言ってみませんか。介護の仕事がストレスだと思う人には、彼女の本や私のこの本を何度も読んでくださることをお勧めします。

介護は3つの貢献

今ブームのアドラー心理学の中で彼が、人間が幸せに生きていくときの非常に大切な要素として提唱したのが、「貢献」というコンセプトです。3つの貢献があることで人間が幸福感を高めることができるというわけです。**自分自身への貢献、相手への貢献**、そして**社会への貢献**です。

この話を介護施設で話すと、「この仕事は本当に大変ですから、相手に貢献しているというのはよくわかります。そして、この高齢化社会で、私たちの仕事が社会に貢献しているということも理解できます。でも、自分に貢献とはどういう意味でしょうか」という質問を受けたことが何度かあります。

介護の仕事が自分に貢献する。そのことをはっきりと精神医学や心理学の立場から理解するとしたら、アメリカの精神科医で私が最も尊敬しているロロ・メイの説に戻るのが最強の証拠でしょう。ロロ・メイは、あらゆる人間にとって最高の快感は自己の潜在能力を開花することだ、とその名著「失われし自己をもとめて」（原文、1953）の中で述べました。

自己の潜在能力を開花するとは、今までできなかったことができるようになるということです。「やったことがないからできません」とよく最近の新入社員が堂々と言いますが、それは自分への貢献という点ではまったく間違っています。

やったことがないことをやってみましょう。そうすることで、自分では持っていないと思っていた能力が突然芽生えたり、あるいは、持っていたけれど眠っていた潜在能力が目に見える顕在能力になって開花したりします。これが喜びだというわけです。

自分が人間として生まれてきた以上、介護の仕事を通して、持っていないと思っていた力が開花していくのであれば、これは好きなスポーツをやってスコアが伸びるのと同じように楽しいことではありませんか。伸びる能力は人によってそれぞれでしょう。傾聴力かもしれない。忍耐力かもしれない。人の気持ちに気づく洞察力かもしれない。

今まで持っていなかったと思った自分の能力が伸びていくこと、これこそ自分への貢献なのです。もちろん介護の仕事は目の前の相手を助けていますから、相手への貢献と社会への貢献は言うまでもないでしょう。

話の長い相手を優しく上手に切りあげる方法

介護施設ではありませんが、診察室を舞台に話の長い患者さんをどう切り上げるかについて研究した医者がいます。アメリカのベックマンです。

彼の「遮りの研究」（１９８４）によれば、診察室での説明で患者の長い話を途中で切り上げた医師は69％。遮った平均値は18秒。しかし遮らないでずっと話させてみたら、患者の話は１５０秒（2分30秒）で自然に止まったというのです。

話し方が遅かったり、現在の話が過去に戻り、過去から現在に来たと思ったら、また過去に行ったりして、時制の混乱した文章をしゃべったり、使う単語が適切でなかったり、一部分を忘れてしまったりする高齢者の話を聞いていると、介護者はつい、次の仕事を考えて遮りたくなります。

「○○さん、今忙しいからもう少し手短に話してください」と言ったりするわけです。

これが自分の話をちゃんと聞いてほしいという高齢者の気持ちを傷つけます。診察室の患者は2分半で止まりましたね。介護施設ではどうでしょうか。今まで私が研修したところでケアマネジャーなどから出てきた話では、「放っておけば20分もしゃべっているんです」という極端な例もありました。

そこでパフォーマンス学のスキルが役に立ちます。相手の話を止めて、自分のほうへ発言権を戻すための方法です。「**受け継ぎの原理**」と私は名付けています。

いきなり「もうずいぶん長い話だから切ってください」と言うのは最悪です。では、手のひらを相手のほうへ向けて〝ストップ〟という動作をしたら？　それも相手に威圧感とショックを与えます。

ではどうしたらいいのでしょうか。一番小さなストロークから次第に大きいストロークへと切り替えていくことです。

まず、ちょっと長過ぎるなと思ったときに、相手の目をしっかり見て、瞬きを何回か繰り返して、〝ちょっと困ったな〟という信号を送りましょう。

それでも気づかなかったら、相手の顔から視線を外して戸口のほうを見たり、手元の書類を急いでめくったりして、動作で〝ほかのことをしなくちゃ〟という気持ちを伝えましょう。

それでも、気づかなかったときに、やっと声を出して、〝ここで止めましょうね〟というわけですが、このときの手は相手のほうへ手のひらを向けてストップしたらダメです。手のひらは上向きにして相手のほうへちょっと優しく手を差し伸べて、その上で言葉をやっと発するわけです。「今、とっても時間が忙しくなっちゃったので、あとで丁寧に聞きますね」と言いましょう。もし可能ならば、そのときに、ちょっと相手の手にタッチして軽い握手をしてもいいし、肩に軽く触れてもけっこうです。そして「あとで戻ってきますよ」という言い方が一番いいのです。

受け継ぎの原理は小さい動作から大きい動作へ。そして、時間のあるときに一度しっかり話を聞いてあげましょう。一度話を聞いてあげたことで相手が満足し、次からは短い話で十分になるケースもいくつも見ています。

介護ストレス3つのC対策

誰だって1つのことにストレスを感じたら、なかなか眠れなかったり、胃が痛くなったり、悩んだりします。

こんな実害のあるのがストレスですから、ストレス対策は長いあいだ、心理学者たちの研究対象になってきました。中でもよく知られているのが、アメリカのS・C・コバサ（1986）の「3つのC」という提案です。**チャレンジ、コミットメント、コントロール**です。

何かの事態に直面して「これはできない」とすぐに思ったら、疲れてしまいます。でも、「**挑戦（チャレンジ）**」してみましょう、できるかもしれないと思って同じ状況を見たときに、勇気が出て悪玉ストレスが善玉ストレスに変わっていくという提案です。

2つめの「**コミットメント**」は、「**関与**」と訳されます。今起きていること、あるいは目の前にいる相手が自分に関係ないと思ったら、とたんに疲れます。会議室で自分の発言の場面が絶対にないと思っている人が居眠りするのと同じことです。

目の前で起きていること、あるいは目の前にいる人は自分に大いに関係あるのだと思い直してください。

例えば自分の家族だって、どこかほかのところでお世話になるのかもしれない。あるいは、自分自身だって同じようになるのかもしれない。これは他人事ではないと介護の状況を捉え直しましょう。

３つめの「**コントロール**」は、「**統制**」と訳されています。やらされていると思うと疲れます。自分がこのことをすすんでやっているのだと考え直すのです。

例えば、食事のお世話をしたらすぐ夜の薬のお世話をし、入浴のお世話をし、寝るためのお世話をしなくてはならない、こんなことをやらされて大変だと思えば、状況にあなたはコントロールされています。でも、Aの次にBをやり、Cの次にDをやるというのは、自分が決めた手順であって、自分は今この状況を上手に統制していると考えるのです。「やらされているのではなく、すすんでやっている」と口に出して言っても結構です。

よく、「忙しくて仕事に追われている」とビジネスマンが言いますが、「忙しいけど、どこまでこなせるかやってみるつもりです」と言えば「チャレンジ」です。

「このやり方が効いたら、また次もやってみようと思うのです」と言えば「コントロール」です。

こんなふうに言葉も、チャレンジ、コミットメント、コントロールを使うのです。自分に関係がない人をお世話していると思うとコミットメント不足です。「自分の家族も同じこと。自分も同じこと。介護は結局、自分のことなんだ」（コミットメント）という言い方に切り替えましょう。

笑顔とありがとうのブーメラン効果

笑顔の人と話していると自分も笑顔になり、相手が「ありがとう」と言えば、「いえ、こちらこそ」と言うでしょう。

逆に、売り言葉に買い言葉という言い方があるように、「なんだ、この野郎」と言われれば「おまえこそ何だ」。「このバカが」と言われれば「どっちがバカだ」とお互いに目がつり上がり、声が大きくなるでしょう。なぜこんなふうにブーメランのように自分の自己表現が同じトーンで返ってくるのか。

このブーメラン効果は、脳のミラーニューロンの働きです。ミラーニューロンはまるで鏡のように、目の前の相手のその表情や言葉、さらにはその表情や言葉が表す感情を反射します。深く理由を考えるわけではないですが、反射ですから、「ありがとう」と言われれば、こちらも「ありがとう」と言いたくなり、笑顔で「おはよう」と言われれば、笑顔で「おはよう」を言いたくなる。

パフォーマンス心理学の観点からいえば、このように人間関係は実に簡単です。だから、よいストロークだけを発信していけばいいわけです。

言葉は「ありがとう」とか「助かった」。顔はいつも笑顔。面白いことだったら表情筋をギュッと収縮させて、顔中をクチャクチャにして、「あら、面白い」と笑ったらいいのです。そのことが相手にも同じ感情を与えていきます。

これについては介護者が何歳であろうと、あるいは介護される人がどんな高齢であろうと、まったく同じ効果が表れます。

これを書いている私自身、「学研ココファン」が経営している都内のある介護施設を研究のために訪問し、合計6時間もかけてその施設の中の人たちと話をしたことがあるのですが、そのときに、1人の90歳くらいの女性が私の頭に手を置いて、「かわいいわね。美人さんね」と頭を撫でてニコニコしてくれました。

その瞬間に私のほうも「ウフッ」となって、相手の顔を見てニッコリしました。久しく「かわいい」とか「美人さん」などと言われてなかったので、とてもうれしかったのです。「わあ、うれしいです」と私のほうも笑顔で返したら、彼女はまたニッコリしました。

笑顔と「ありがとう」にはブーメラン効果があるのです。脳のミラーニューロンは、すべての人間に活発に働いている神経細胞ですから、これは効きます。ぜひ毎日使ってみましょう。

第4章

介護はチームで完成する

介護プロは
職場幸せの達人

たった1人の失敗でチームの成功が消えることがある

このたび、「インディ500」のカーレースで初めて日本人選手の佐藤琢磨さんが優勝しました。40歳です。彼は6、7歳頃からずっとカーレースに興味を持ち、いくつもの大きな試合を経た末に、今回やっと成功したのでした。

もちろんあらゆるカーレースの中で最も歴史が古く、最も評価が高いインディ500(インディアナ州で500マイルを走るカーレース)です。そんなに簡単に優勝できるわけがない。しかし彼はやり遂げました!!

そこで、今回このレースをテレビに食いついて見ていて、本当に感動したことがあります。優勝の瞬間、彼がワーッと大きな雄叫びをあげて、次に言った言葉が、「Look at these guys.(この仲間たちを見てくれ)」だったことです。

1つのカーレースが成功するためには、車を整備する人もいます。車を作る人もいます。また、猛烈なスピードで最後の6周を回る頃には、レーサー自身のエネルギーはほとんど終わりそうなところで集中しているわけです。そのときにF1ドライバーは前しか見えません。後ろから誰かが抜くとか、どこにどのような位置でいるとか、全部チームがマイクで指示をしています。

だから、終わってから彼が、「仲間に感謝しています」と言って名前を挙げた人たちは、尊敬する先輩のA・J・フォイトはじめ、たくさんのスポンサー、パナソニック、ラグジュアリーカード、アビームなどなど、そして、ANAやデサントのスポンサー、それから仲間たちの名前を全部ファーストネームで紹介しました。「ズィギー、ロランド、グランド、トーマス、ケビン、ライアン、バリー、マイク、キャメロン、ジェイソン、みんな、ありがとう」と言ったのです。

チームで1つの車を走らせているという強烈な認識がそこには明白でした。誰かが1つ手抜きをしても、タイヤが外れて車体が炎上することだってあるし、こういうレースだと、チームワークだということを片ときも忘れることはできないでしょう。

実は、介護こそ、いつも同じ仲間が組み、ときには初めて来る人も加わって、1人の高齢者をケアするという大きな重い荷物を背負っているチームワークです。しかし、それが

図1　介護チームの八面体パフォーマンス

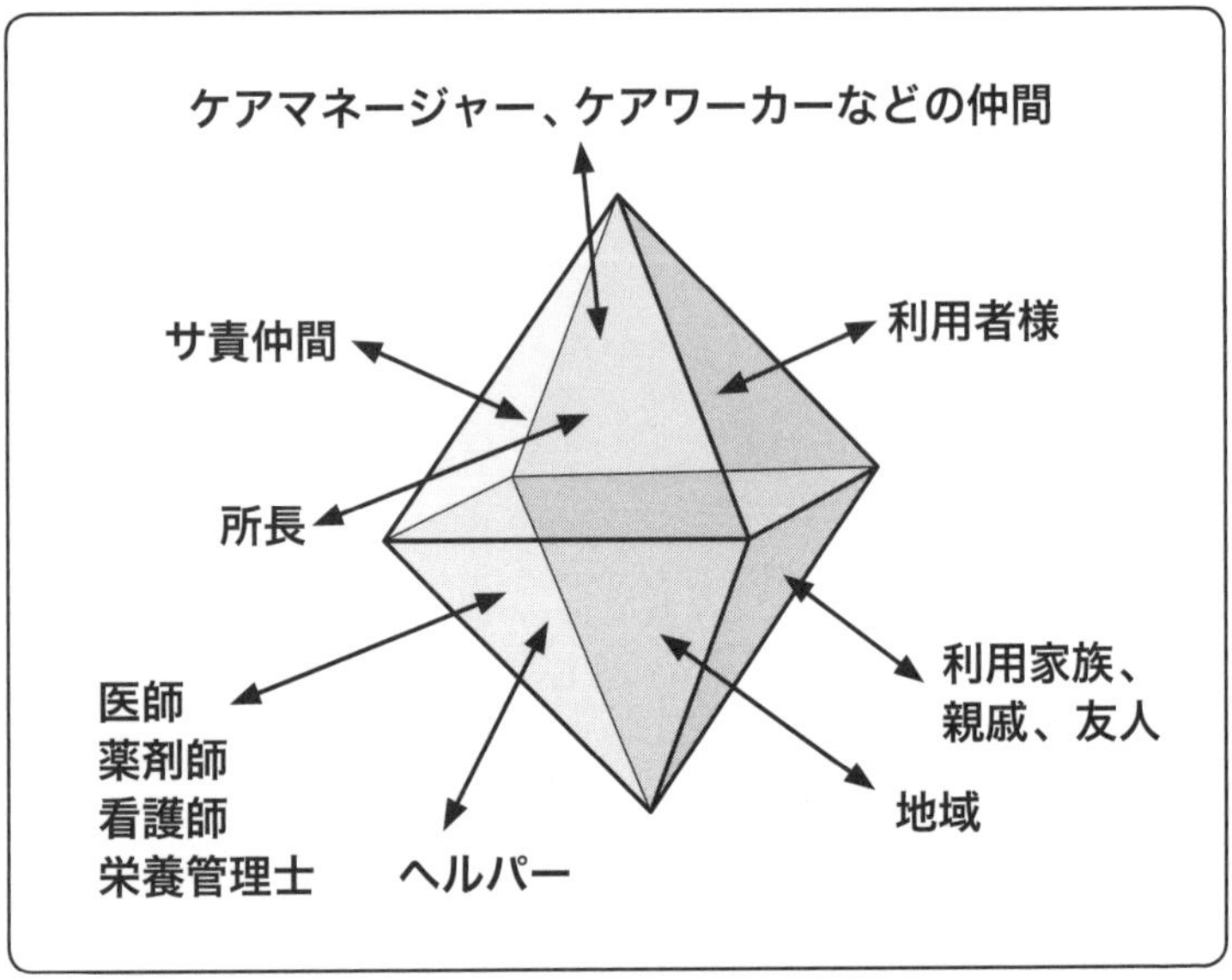

©佐藤綾子

チームだということをつい忘れてしまいます。自分の目先の仕事だけができていれば、それが重労働であることもあり、つい1日が終わってしまうのでしょう。

でも、介護こそ、どこにも類例がないほどのタイトなチームワークだと私は思います。

図1を見てください。これは学研ココファン高齢者介護施設で、サービス責任者と呼ばれる人たちの研修をしたときに私が作った図です。

サービス責任者を「サ責」と省

略しています。このサ責は一体、毎日誰と関わっているかというと、この図のようにケアマネジャーやケアワーカーなどの仲間、もちろん中には介護福祉士も入っています。

さらに利用者様、利用者の家族・親戚・友人、地域、ヘルパー、医師・薬剤師・看護師・栄養管理士、そして自分の上にいる所長やサービス責任者仲間と、ザッと見ても8種類の違う仲間とチームを組んでいます。

この人たちとすべていい人間関係を作っていることが、仕事の成功に絶対欠かせないのです。

自分がサービス責任者としてベストを尽くしていても、もしも仲間の誰かが乱暴な扱いをして、それに対して利用者の家族が「あの介護施設の介護はひどいものだ」とツイッターやブログに一言書けば、そこから炎上することだってあります。

あるいは、利用者の1人が自分の勘違いで「不親切にされた」と信じてしまい、利用者同士に悪口を広げたら、それが施設全体の評判を落とすこともあるでしょう。

そうならないために常に自分が自分のポジションでベストを尽くし、かつ同じ職場の違う立場の人とよいコミュニケーションをとっておく必要があります。「おはよう」、「お疲れ様」などの挨拶。ちょっと廊下で会っても、にこやかに言葉を交わす。「今、調子どう?」と声をかける。そんなことを常にやって、ラポール(共感関係)を作っておきましょう。

そうすれば、ちょっと何か不都合があったときに素早く連絡してくれて、大きな失敗に至らないで済みます。

たった1人の失敗が介護という大チームの仕事をダメにするということをやはり覚えておきたいところです。

インディで車のタイヤの片方の空気圧が変わっても車が暴走してしまうのと、介護チームはまったく同じだと私は思います。

「人間関係」という言葉が生まれた背景

今ではみんなごく普通に、「あの会社は人間関係がいいから明るいね」などという言い方をします。でも、正確に人間関係が研究対象になったのは、実はそんなに歴史が古くないのです。

メイヨー（Mayo）の1924年から1932年までの8年間の研究が「人間関係」という言葉を一気に心理学での研究対象にしました。そこで彼は「ホーソン効果」を発表したのです（1933）。

どういうことか簡単にお伝えしましょう。彼は8年間、1つの工場に通い、まったく同じ環境で同じような能力の人が働いていても、Aチームは生産性が上がり、Bチームは生産性が低いということに気づいたのです。

そして、その違いが何なのかを突き止めました。その結果、こういう結論を出したのです。「生産性や勤労意欲（モラール）を強く規定するのは、物的要因であるより、むしろ心理的要因である」。そして、これを「人間関係論」として発表しました。

簡単にいえば、大きな介護施設やサービス付き高齢者住宅が楽しく平和に、利用者に感謝されながら運営されていくためには、その組織の中の人間関係がよいことが第一条件だということになります。

人間関係というと、なんとなくグループを想像しますが、実は全体の人間関係というものをもっと細かく見ると、受付チームの中でAさんとBさんは仲がいい。BさんとCさんも仲がいい。CさんとDさんは仲がいいというように、パーソン・トゥ・パーソン、1対1のよい関係がいくつも集合しているところのチームが人間関係がいいわけです。

だから、例えば調理場で2人いつも角突き合いをしている仲の悪い人がいれば、その人たちは賛成派、反対派に分かれて、だんだん仲間を広げるので、施設のチーム全体の人間関係が悪くなります。

人間関係はあくまでも1対1なのです。そうなると経営者や各チームのリーダーがやることがはっきりしてくるでしょう。

「何か人間関係で困っていることはない？」と1人ずつに声をかけ、なんとなく対立気味な部署がわかったら、対立の芽が小さいうちに両者を呼んで話をし、うまく仲介してあげることです。

人間関係が悪いところでは、どんなに給料をたくさんあげても、よい介護の仕事はできません。「人間関係が第一だ」ぐらいに思って、よい建物を作ったり、高級な食材を仕入れると同時に、人間関係作りを進めましょう。よくみんなの言い分を聞いて話し方も含めてきちんと調整をしていくことです。

全部1人でやらなくていい

東京の中心街に「アーク」とつく建物がいくつもあります。アーク森ビルとか、「アーク」という単語が何の意味だか真剣に考えたことがありますか。実は「アーク」は大きな円の中の「弧」のことです（図2）。

このアークで一番思い出すのは、このたび亡くなられた日野原重明先生が常に教えてくださったことです。

「佐藤さん、なんといっても病院の仕事は、あるいは人間の一生は、アークなんですよ」と言って、大きな円を1個だけ書いてくださったこともありました。禅のお坊さんがよく円を1つ描くので、私はこれは「円」と読むのだと思っていました。そうしたら、「ラウンド」だとおっしゃるのです。そして、「小さな円《ラウンド》を1人で作って満足するより、大きなラウンドの弧《アーク》になりなさい、そして、みんなで力を合わせて大きなことをしましょうよ」と話を結ばれました。

その話を聞いて、どこかでどうしても聞いた言葉だなと思いながら、あちこちの文献を調べました。

数日考えているうちに、ハッと、40年以上も前、自分が信州大学教育学部の学生時代に学んだイギリスの詩人のことを思い出しました。ロバート・ブラウニングの『アプト・ヴォーグラー』という詩です。その一節にこう書いてあります。「地上では欠けた弧　天上では全き円」。

図2 「アークとラウンドのパフォーマンスイメージ」

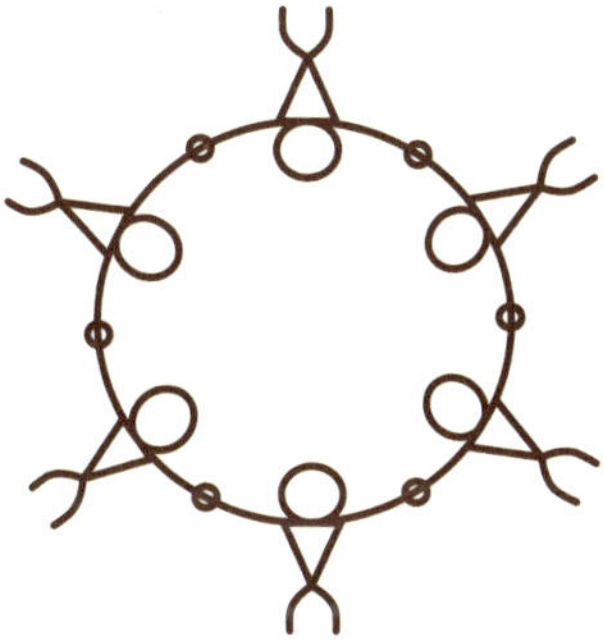

地上では欠けた弧
天上では全き円
（ロバート・ブラウニング）

アプト・ヴォーグラーという音楽家は優れた音楽家だったけれど、亡くなってしまえばその音楽をそのまま聞くことはできない。けれど、天国で彼は全き音楽、完全なる音楽をきっと完成しているのだろう。という詩です。

何か大きなことを1人でやろうと思ったら、完成できるはずがありません。

介護がまさにそうです。入浴もさせなくてはいけない。話も聞かなくてはならない。湿ったオムツを新聞紙にくるんでからビニール袋に入れるとか、さまざまな工夫もしなくてはならない。ノロウィルスが流行ったといえば、大変な消毒作業をやらなくてはならない。

あれもこれもやらなくてはいけないと思っただ

けで気が変になりそうな気分でしょう。いくつもの介護施設の研修をしていて、「本当にもうやっていられないのではないかと思うぐらい大変だと感じたことが何度もあります」という言葉を何人かから聞いています。

自分1人で完璧にやろうなどと介護においては思わないほうがいいと私は思うのです。自分の部署でベストを尽くさなければならない。けれど、みんなで手をつながなければ絶対完成しない大きな仕事です。

「全部1人でやらなくていい」。これは介護においては、自分のストレス軽減のためにぜひ覚えておいてほしい言葉です。

地域と協力したり、仲間と協力したり、場合によってはほかの施設と協力したり、家族と協力したり、そうやって1人の人の介護という大きなラウンドを完成すればいいのだ、と割り切りませんか?

介護という重積を全部抱え込んでいると思ったら、そのストレスで自分がバーンアウトしてしまうでしょう。ラウンドの中の1つのアークが介護者のあなたです。

ロールアクトで多面体の自分を演じてみよう

小学校時代、鼻たれ小僧だったのに、その後、校長先生になり、65歳の同級会で会ったら、なんと堂々たる頼りがいのある男性になっていてビックリした、というような経験は多くの人にあることでしょう。

そうなると、あの鼻たれ小僧が立派な校長先生へという変身を遂げる陰に何があったのかと気になります。ここにこそパフォーマンス心理学の重要な理論があります。

私たちが生まれつき親から遺伝子をもらったりして、素質として持っているものがあります。テンパラメント（temperament）です。図3を見てください。人間の自己形成、パーソナリティ形成の第1段階にあるテンパラメントです。

遺伝子などは、まさにその一例です。脳科学者の澤口先生が、「遺伝で30％前後その人のパーソナリティ（personality）は決まると思います」、と書いておられます。

でも、実際、遺伝する病気や遺伝子だけで人間が形成されるかというと、そうではありません。その後、キャラクター（character）と呼ばれる成長段階があります。親から教

図3　「ロールアクトが作るパーソナリティ」

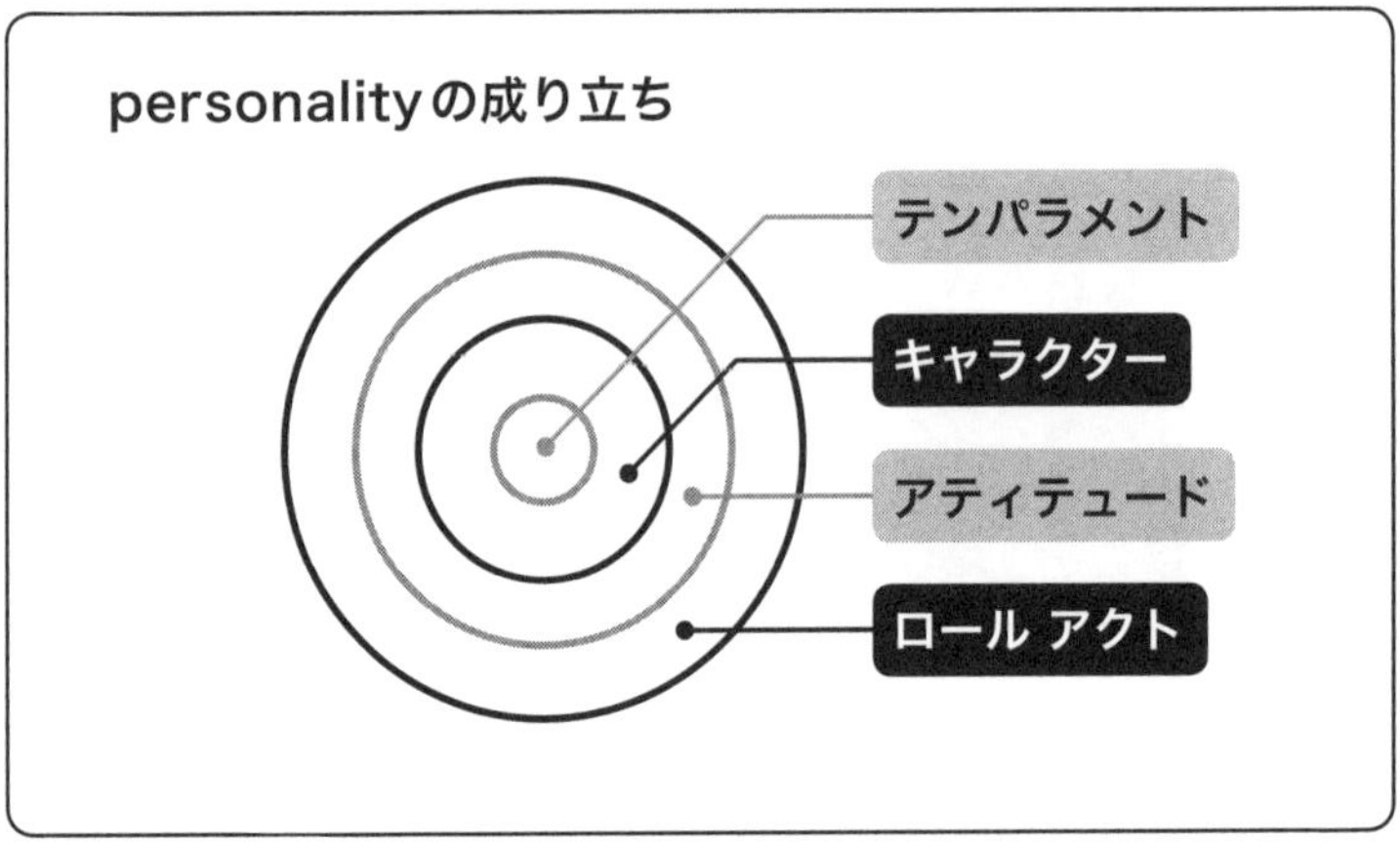

2016「佐藤綾子のパフォーマンス講座®」テキストより

育を受けたり、学校に行ったり、違った環境に放り込まれたりして、外からカリカリと何かを刻み込まれてできてくるのがキャラクターです。

ところが、例えば双子で同じ両親から生まれて、同じ高校と大学に進学させてもらったのに、1人は優秀な医師になり、1人は放蕩息子になるという例が必ずあります。それはなぜでしょうか。本人が習慣として取り込んでいった、「アティテュード（attitude）」繰り返された態度によるものです。親がいい環境を用意してくれたことに逆に反発して放蕩してしまうこともアティテュードです。

さて、最後にパーソナリティを形成するの

が「ロールアクト（role act）」役割演技です。

社会人として校長は校長らしくふるまい、薬剤師は薬剤師らしく、ケアマネジャーはケアマネジャーらしく、介護施設の所長は所長らしくふるまうわけです。

そのふるまいの中で、人間の自己表現が逆にその人の人格形成を規定していきます。これが、鼻たれ坊やが立派な校長先生に65歳で変身している仕組みです。

そう考えたら、私は介護の仕事に向いていないとか、ヘルパーって損ばかりだと文句を言うこともないでしょう。その役を思いきり楽しんで演じたらいいのです。

自分のいるところを1つのステージとして、役割を軽やかに演じてみようとか、どうせ演じるなら楽しんでしまえ、というようにポジティブに役割演じをやってみましょう。そもそも映画俳優だって、大根役者がみんなから拍手をもらったり、多額のギャラをもらったりするうちに、だんだん上手になっていくではありませんか。練習して、ロールアクトでさまざまな自分を演じてみましょう。

「いや、演じるなんて、ありのままを美徳とする日本人の美意識に反している」と抵抗する方に、ほんの一例として私自身を紹介しましょう。

私は日頃は大学教授で学生たちを教えています。でも、会社では小さな事務所の代表取締役として、パフォーマンス学が日本中に広がるためにどうしたらいいかと常にスタッフたちの様子を見ています。そして、今の瞬間は、ねじり鉢巻きをして書斎で1人、無口そのものになって自著189冊目の本の「ベテラン執筆家？」として原稿を書いています。

でも、楽しい遊び仲間もいて、そのときは社会的なロールアクトを外れてお互いに「綾子さん」とファーストネームで呼び合って、下手なギャグを言って笑い転げています。

多面体の自分を思いきり打ち込んで演じることが、意外とストレス解消に役に立ちます。よろしかったらやってみてください。

部下が自分で動き出すサーバントリーダーシップ

間もなく東京オリンピックです。バレーボールの試合も、当然あります。

1964年の東京オリンピックでのバレーボールチームの活躍は、「リーダーシップ」の視点からも1つの歴史を作ったものとして記憶されています。有名なバレーボールチームが日本の名前を一気に世界に有名にしたのです。

「東洋の魔女」というあだ名のついたチームで、その監督が「鬼の大松」と呼ばれた大松監督でした。実際の大松監督は人情家で、時間があるとき、みんなにご馳走してくれたりしたとのことですが、マスコミに出てくるのは、「理由は何でもいいから俺についてこい」と言って、女子選手たちが生理日だろうが、化粧が剥げてしまおうが、泣こうが、どんどんトスを出し、回転レシーブを決めさせ続ける姿。「理由は聞くな。俺の言うことが正しいんだ」ということで、大松監督の名前は一気に、国内外に知れわたりました。

こういう支配型のリーダーシップのあり方も、もちろんあっていいのだと思います。けれど、最近の20代から40代までの人々は打たれ弱い環境で育ってきています。親や教師に

図4　サーバントリーダーシップ

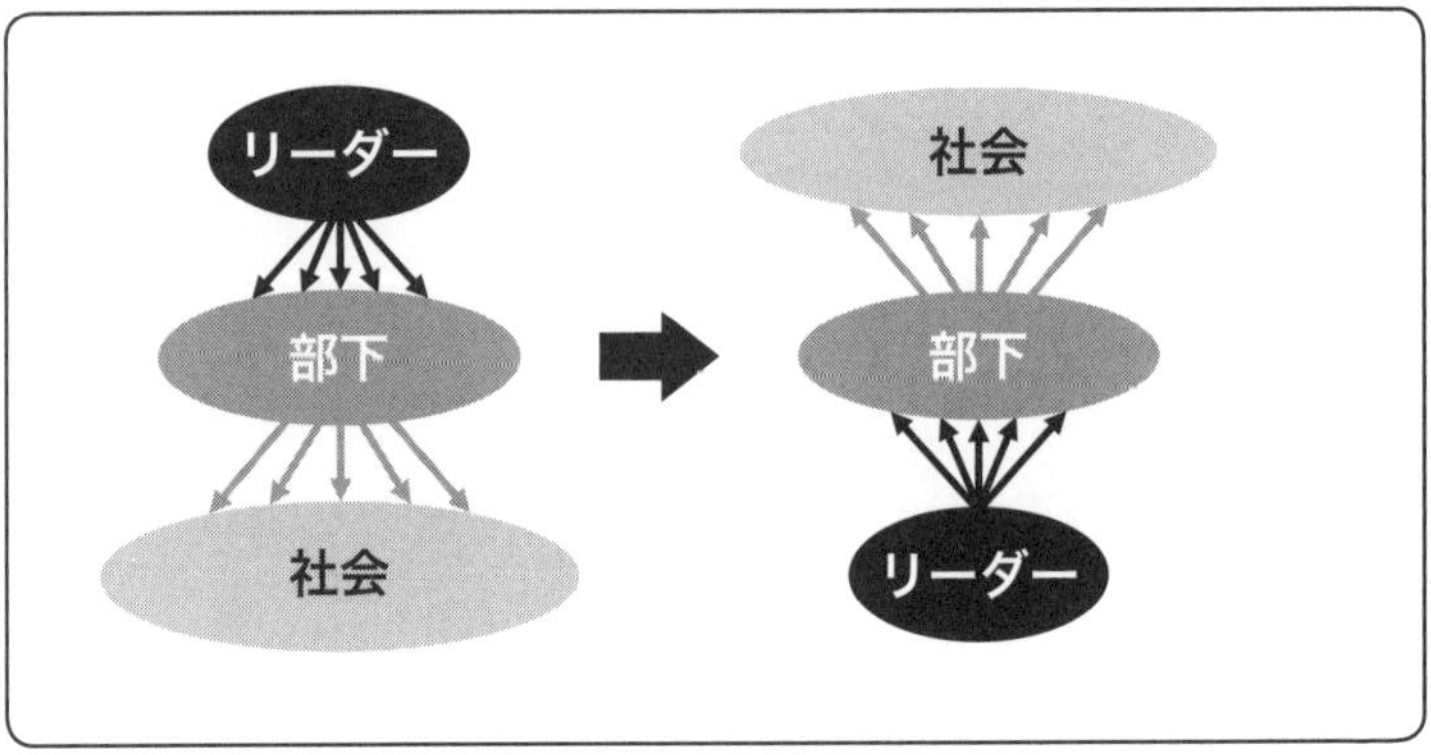

佐藤綾子：「患者さんとスタッフの心をつかむデンタルパフォーマンス」、クインテッセンス出版、2009

もあまり叱られたことがない。そこで、「理由は何でもいいから俺についてこい」という従来のリーダーシップだと、「ついていけません」となったり、「はいはい」と返事はするもののスルーして、実際には何もやってないという最悪の事態が発生します。介護では、これはとても危険です。

そこで必要なのが「**サーバントリーダーシップ**」の考え方です。図4を見てください。リーダーがまず、この仕事が社会に貢献するという大きな理念を持ちます。そして、部下たちと理念を共有しながら、「もしわからないことがあったら聞いてごらん。困ったときは助けるよ」というように、下から部下を支え、部下が社会を支えていくという考え方です。

この考え方は元AT&TのロバートＫ・グリーンリーフがもう50年も前に提唱したものですが、日本でいち早くこの考え方を取り入れた会社で私が一番よく知っているのは、資生堂の当時社長だった池田守男氏の例です。

彼は、「資生堂は世界中の女性を美しくするのだ」という大きな使命感を持っていました。そして、「世界中の女性を美しくするというビジョンに賛成してくれる社員たちは、一緒にやろう」と呼びかけました。「その上でもしも何かトラブルがあったら、自分が引き受けるから」と、下から部下を支える態度を取り続けました。神学校を卒業した池田さんらしい考え方だったのかもしれません。

聖書の中には、まさに身を低くしてひざまずき、十字架につけられる前の日に弟子たちの足を洗うイエス・キリストの姿が描かれています。

最近、箱根駅伝で連続優勝した青山学院の原晋監督も、おそらくこの考え方なのでしょう。「みんな本当に優勝したいのか。したいのであれば、どうしたらいいか考えてごらん。失敗したら相談に乗るから」という彼の言葉をテレビのインタビューで聞いたことがあります。「とにかく黙ってついてこい」と言うよりは、自分の理念を共有して、ある程度自主性を持たせるほうが現在の若者たちは動き出すようです。

サーバントリーダーシップは、価値観が多様化した今の時代にピタリです。まして介護は大変な仕事ですから、命令で動かすのではなく、介護の仕事に携わることが社会に貢献しているのだという思いを介護職員一人一人に強く感じさせるほうがうまくいきます。

介護リーダーはVSSで話そう

「VSSとは何なのか」をまずお伝えしましょう。ビジョン、ストーリー、ショーです。

介護とはまったく違う分野の人ですが、意外にもトランプ大統領がこのやり方の名人です。

彼のビジョンは、Make America great again.「アメリカをもう一度偉大にする」です。

そのためにさまざまなストーリーを組み立てます。「TPPには入らない」とか、「北朝鮮からミサイルが飛んできたら、こちらも実際に軍事行動を起こす」という物語をわかりやすくみんなに語ります。「炭鉱の人々に仕事を取り戻す」というのもストーリーでした。そして、それをわかりやすく全身と顔をフルに使って、1つのショーとして伝えます。

私は3局のテレビ番組と、朝日新聞と、日経新聞に依頼されて、彼の就任演説の画面を0．5秒単位の画像に落として分析してみて本当にビックリしました。たった16分20秒しかない就任演説の中で、なんと彼は112回もあのOKサインを出していたのです。

力強く手を振り上げ、人差し指と親指でOKのマークを作り、作ったと思ったらその指をといて、人差し指にして天を指さす。こんな動作の繰り返しです。

「ビジョン」はアメリカを再び偉大にすること。「ストーリー」はさまざまな具体例。「ショー」はそれをわかるように言葉と顔や動作の非言語で話すというわけです。

各企業では、実はこれは会社の経営ビジョン（理念）、そして、ストーリーのところが「戦略」に当たります。ショーは、「計画をわかりやすく、パワポや全身や顔の表情を使って話す」ということです。

介護に携わる人たちは、介護の仕事で高齢化社会に貢献するという大きなビジョンがあります。高齢者の幸せに貢献する、そう思わずにこの仕事をしている人は少ないでしょう。

そして、それを細かいストーリーに落としていったときに、例えば居住している高齢者が話しかけたときは丁寧に聞くというようなストーリーになります。

そして、「ショー」としては、実際に話を聞いているときに頷いたり、にこやかに微笑んだり、握手したり、先に書いたユマニチュードケアのような態度をどれだけ相手に見せていけるか、ここが本当に大事なところです。

一人一人全員にVSSは必要ですが、とくに自分の下に1人でも2人でも部下がいる人は、自分のビジョンを皆が共有できるように常にVSSを心がけましょう。

モデリング効果で成果をあげる

介護の仕事に就いたばかりの人は、実際の現場での動き方がどうやったらいいか覚えていくのに大変なエネルギーが必要になります。例えば学校に行って看護師の資格を取った上でさらに介護士の資格を取り、介護施設に入社したというEさんの話を最近丁寧に聞いたことがあります。

Eさんは、例えば実際に実習でやったとき、ちゃんと高齢者の目線と同じ目の高さに自分の目の高さを揃えて、ちょっと手の上に手を重ねてあげて、「そうですか。大変なんですね。寂しいんですね。最近、ご子息が日曜日に訪ねてくる回数が減ってしまったんですね」と言いましょうと習ったと言います。

でも、実際に施設で働き始めたら、猛烈に忙しい上に、そういうふうに話しかけても、不機嫌な顔をして返事すらしない、何か心の中に怒りを溜め込んだ高齢者に入社したてで会ってしまったというのです。そこで彼女は大変だと思い、本当にこの先やっていけるのかしらと悩んだとのこと。資格を取ったけれど、違う職業に就いたほうが合っていたのか

図5　「パフォーマンス改善のためのモデリングとコーチング」

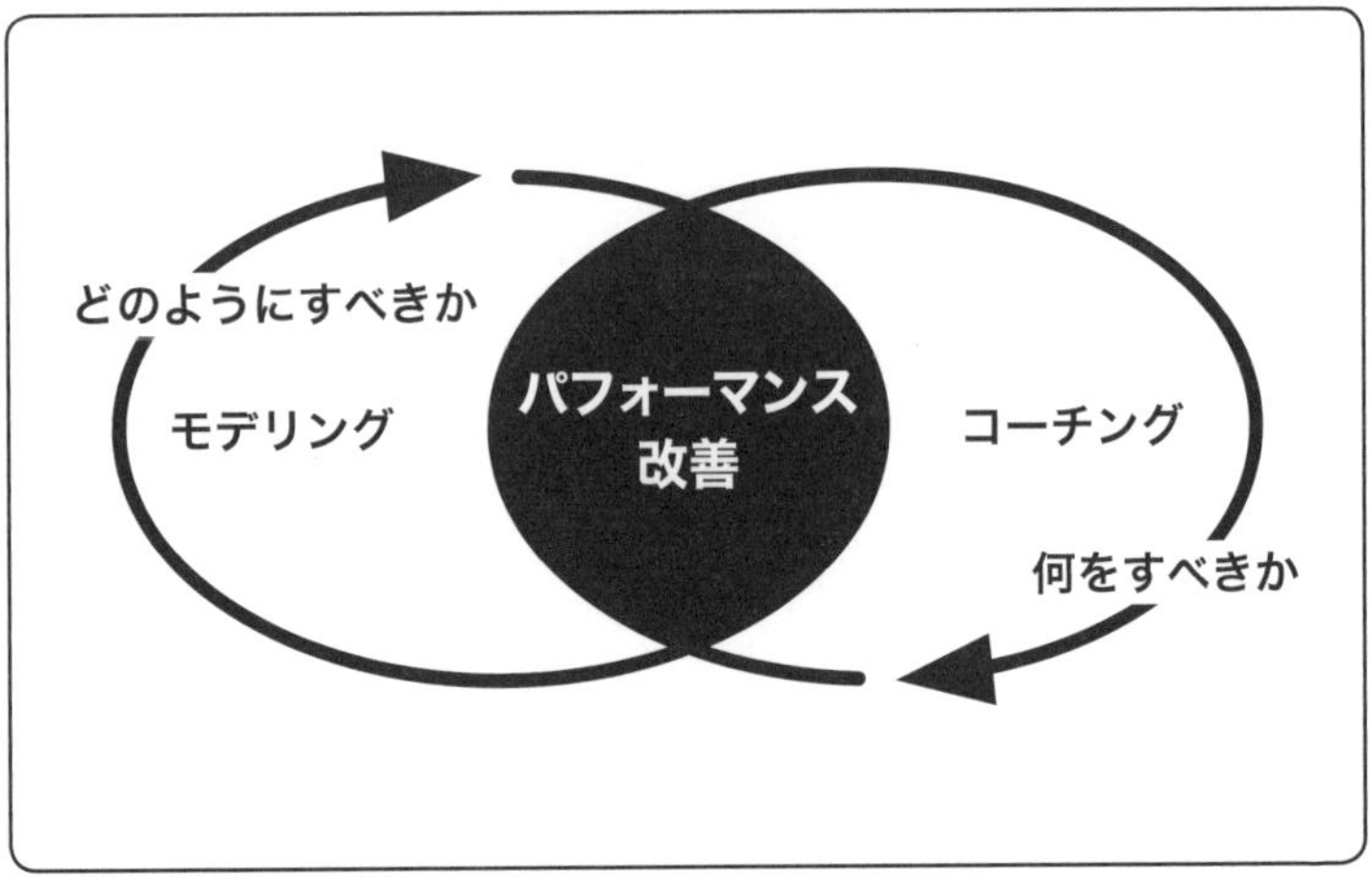

2017「佐藤綾子のパフォーマンス講座®」テキストより

もしれないと思ったりもしたと打ち明けていました。

こんなときにとても便利なパフォーマンスのダブルサークルを頭のどこかに留めておいてください。図5を見てください。私たちが自分の自己表現をより上手に改善していくには、2つの方法があります。

1つはちょうど錦織選手がマイケル・チャンという名コーチについて伸びたように、コーチを雇って自分の最も伸びやすい方法を話し合いの中から探っていくことです。シンクロナイズドスイミングの井村コーチ、ラグビージャパンのヘッドコーチ、エディ・ジョーンズも有名なコーチです。

けれど、実際の職場でそのように有能なコーチに自分がつけるという可能性はまずありません。

そこで手っ取り早い方法が、コーチングの手法をまず自分で自分にやることです。コーチングは自分の中から自主的に答えを引き出すやり方です。まず、自分の心の中で2人の人間を用意しましょう。1人は困っているあなた自身、もう1人はコーチです。

「あの怒りん坊の入居者・山田さんに私はあのとき何と言ったらよかったのかしら」

とコーチがあなたに聞きます。もう1人のあなたが答えます。

「ちょっと私の笑顔が足りなかったかもしれない。笑顔をもうちょっと使ってみようかな」

コーチのあなたがまた答えます。

「それはいいじゃない？　次どうなるか結果を見るとして、まずは笑顔を増やしてみたら？」

こんなやり方がコーチングです。

でも、これより手っ取り早いのはモデリングの手法です（図5）。身のまわりの同じ仕事でうまくやっている先輩をよく見るのです。

そうすると、その人のやっている優秀なメソッドが次々とわかってきます。入居者の誰かと話すときには必ずメモをしているとか、その場ではメモをしないけれど、あとで仕事の終わりに今日起きたことを日報に書くときに整理しているとか、まずは自分の感情やプレッシャーを顔に出さず、にこやかにしている、などです。

そうやって同じ職場でモデルを見つけてしまえば、その真似をすればよいのですから、自分で自分をコーチングするよりは手っ取り早く理想の姿に近づいていけます。

しかも、モデルを探そうと思えば、もう1つメリットが発生します。身のまわりに優れた人がいることに気づくことです。仲間や先輩が尊敬できるって、なかなかいいものです。

普段見落としていても、自分のモデルになるかもしれないと思って見つめれば、よりその人のよいところが見えてきます。

「アイメッセージ」なら仲間も部下もうまくいく

「本当にもうちょっと時間通りに食堂に来てくださいよ」と入居者に対して思ったり、部下に対して「どうして1回教えたのに、同じ失敗を2回どころか3回もするの？　あなたは一体どこに頭をつけているの？」と言いたいときが誰でもあるでしょう。

仲間を見て、自分だけ苦労していて、みんながなんだか手抜きをしているように見えるときもあります。そんなときに、「あなたはどうしてそうのろまなのか」と部下に言えば、部下は自分がのろまであるというマイナス評価をされたので、その先を考える意欲を失ってしまいます。

「おまえはのろまだ」と言えば「You are slow」と言っているので、その文章の主語はＹｏｕ、「あなた」になります。でも、そこでこんな言い方をしたらどうでしょうか。「あなたが日報を書く時間をちょっと縮めてくれると、私も一緒に早く帰れてうれしいわ」。こうなれば、「帰れてうれしい」のは「私」です。「私がうれしい」と言っているだけで、「あなたがのろまだ」とは言っていません。

この文章をよく見ると、文章の上半分は条件節になっていて、「あなたが日報を書く時間をもうちょっと縮めてくれたら」というのが条件節です。「私も一緒に早く帰れてうれしい」は結果の節です。結果の節は、「自分がうれしい」、「自分が助かる」、「自分がありがたい」、この言葉に決めておくのです。必ずハッピーな下の句です。

「私は悲しい」を使う手もあります。お母さんたちは「おまえが100点取ってくれないとお母さんは悲しいわよ」とか、「お母さんは困っちゃう」と言います。これでも相手との関係がうまくいっている場合は、ちゃんと職場でも機能します。

でも関係性ができていない職場で「あなたが遅いと皆さんが迷惑するわよ」と文句を言っても、やはりなんとなく脅しのように部下は受け取るでしょう。特に介護の職場で最もいいのは、下の句にはハッピーな言葉が来ること。「もしこれがあったら私はうれしい」というわけです。

大学の教室で実際に私が経験した笑い話を1つご紹介しましょう。学生たちに大変なレポートのタイトルを与えました。「幸福に貢献するパフォーマンス学とは何か」というタイトルです。「いいレポートを書いてくれたら、私はとてもうれしいわ」とアイメッセージを使いました。その日の授業が、「ユーメッセージではなく、アイメッセージで主張を通す」というタイトルでしたから、授業の終わりのレポート発表のときに、ここぞとばかり私は使ったのです。

すると、学生たちの数人が声を揃えて言いました。「綾子先生がもっと楽なタイトルを出してくれたら、僕たちはうれしい」と言うのです。

ギャフンでした。「うれしいな、私の負けよ」と言ってお互いに大笑いして終わりました。

あなたがどうこうしてくれたら私はうれしい。あなたがどうこうしたら私は悲しいも含めて、「ユーメッセージ」で相手を判断して決めつけるのではなく、自分側の「アイメッセージ」にしましょう。忙しいとなかなかやりにくいですが、練習すれば必ずできます。

手柄をひとりじめしない

介護の仕事はチームワークです。家族が訪問に来て、「いつもケアマネジャーの山田さんが本当に気を遣ってくださるので、うちの家族は喜んでいますよ」などとお礼を言うことがあります。

自分のチームが好成績をあげて会社全体で表彰されるというようなこともあります。よいことが起きると誰でもうれしいものです。そこで、ついチームのリーダーが、「いや、本当にありがとうございます」と言っただけで終わらせてしまうことがあります。

ここで絶対やらなければいけないことがあります。先に出したインディ５００の佐藤琢磨さんのように、チームメンバーの名前を必ず挙げておくことです。これは大人ならみんなできそうなことだと思いますが、実は相当大変です。

最近とても驚いたのは、将棋の藤井聡太四段が29勝目をあげたときにやったインタビューです。なんと彼は、「応援してくれるファンの人たちに感謝してます。僕の先生に感謝してます。先生の先生にも感謝してます。名古屋の地域のみんなにも感謝してます」

と言ったのです。14歳です。ビックリ仰天でした。

藤井四段の先生はインタビューに一緒に出ていたので、姿が目に見えたから言いやすかったかもしれません。でも、先生の先生は、実はもう亡くなっています。そんな2代上の先生の名前まで言って、感謝していると言うわけです。勝った直後のインタビューで14歳がとっさにこんなことを言えるわけです。驚くではありませんか。でも注意深い大人ならきっと全員できるでしょう。

「よい介護施設ですね」と言われたときに、「いや、どうもありがとうございます。受付から調理場の調理師まで、本当にうちはみんながよいメンバーでこの仕事をしています」と言えたら最高です。

介護施設内の医院だってそうです。医師1人では成り立ちません。看護師もいれば薬剤師もいる。必ず自分の下にいる人たちの名前を挙げて、手柄をみんなのものだとしてシェアしていきましょう。チームの関係がよくなります。

自分だけ大変だと思わない

ある介護付きマンションの研修をしたときのことです。みんなの顔がいきいき、ニコニコしていて、連日大変な仕事をしているのに、よくこんないい顔で研修会場にいられるなと、まず最初に感動しました。2時間の研修が終わっても、さらに皆さんはいい顔で、疲れも見せません。なるほど、この施設の評判がよいわけだと納得しました。

ところが、その中にたった1人だけ、猛烈に暗い顔をしている女性Bさんがいたのです。しかも彼女はただ暗いだけではなく、顔に怒りの表情がいっぱい出ていました。眉間に皺眉筋という眉がしらを寄せる筋肉で3本縦じわをつくり、口をへの字に結び、チラリチラリと周りの人たちが発表するときに顔を見ていました。

終盤で私が「本当に皆さんの意見は大事ですね。ありがとうございました」と、次々に発言した人たちにお礼を言っているときも、チラッと顔を見て、「何をつまんないおべんちゃらを言ってるの」と言わんばかりの顔です。

さあ、心配になってしまいました。休み時間に彼女に話を聞いてみたのです。「何か自分だけで苦労を背負い込んでいませんか？」。

すると「そのとおりです」という答えが返ってきました。自分は猛烈に気を遣い、たくさん仕事をし、家に帰っても仕事をどう向上させたらいいか常に考えているというのです。施設全体の責任者の１人である彼女がそれだけ思っているのに、自分に直属している部下がなかなか仕事ができないというのです。

「だから、私ばかり苦労するんです」と、このＢさんのお話でした。「そう、Ｂさんだけ苦労するんですね？」と私はもう一度同じ言葉を使いました。「そうなんですよ。どうしたらいいでしょう」とＢさん。「『もうちょっと手伝ってもらえないかな』と具体的にいくつかの内容を挙げながら、部下に振っていったらどうですか？　決して『いや』とは言わないでしょう」。

そして、彼女のチームの部下のＣさんにこっそり聞いたのです。「手伝ってとＢさんに言われたら手伝いますか」。「もちろんです。でも、やってほしいと言われたことがないんです」という答え。

結局、人に言ってもやらないだろうと思い込んでいて、自分で背負い込んでいたようです。だから、自分だけ大変だというわけです。

問題を自分の中に隠蔽してしまい、外にSOSを発信していかなければ、なかなか仲間や部下は動きにくいものです。助けてほしい、手伝ってほしいと言われたら、相当嫌な人間関係でなければ、やるのもまた人情です。自分だけ損していると思う人は、意外にもちゃんと自己開示ができていない、自分が大変であることを順序立てて話していない人が多いのです。ちなみに聖書には、こんな言葉があります。「あなた方の苦労は人の知らないようなものではありません」。要するに自分だけ苦労していると思っていても、ほかの人も同じような苦労をしているというわけです。

あのカルロス・ゴーンさんも、これについては名言を書いておられます。「優秀なリーダーが失敗しないわけではない。ただ、彼らは失敗を見せないだけなのだ」。

もしも外に不満顔が出てしまえば、周りは仕事がやりにくくなります。「うまくいっているね」という顔をしながら、必要なところは仲間からヘルプを得ていく。こんなことが上手にできることが介護の成功には大切だと思われます。

自慢に聞こえない自己呈示で相手を励ます

年下の仲間や部下がちょっとした仕事なのに四苦八苦したり、うまくやれず、同じことを何度も繰り返しているときに上司が言いがちな台詞があります。「僕が君の年齢だったら、そういうことは3分でうまくやっていたよ」という類です。

「私の上司は、自分が成功した昔話を延々と言うから、帰り際にはその上司とはなるべく話をしないようにしています」と笑った介護のケアマネジャーもいます。

どうやらみんな、自分が若いとき苦労して成功すると、それを後輩に伝えたいと思うのでしょう。そこでつい、自分はこんなに上手にいろいろできるとか、実力があるということを実際以上に大きく言いがちです。これをパフォーマンス学では、「自己高揚的自己呈示」といいます。実際のサイズよりもちょっぴり自分を上に見せる話し方です。

そんな気持ちが心の中にあるので、苦労話は何となく自慢風味になります。「こんな苦難があったけど、上手に乗り越えたんだ。見てごらん」という気分です。

この自己高揚的自己呈示は、相手がその人を心から尊敬している場合は、「なるほど、自分の上司や仲間はたいしたものなんだ。僕の3倍、4倍もの苦労を見事に乗り越えたんだ。では真似しよう」と素直に動きます。

ところが、まだそれほど人間関係が出来上がっていなくて、同じ職場にいても、今日が個人的に話すのは2回目だというあたりでこの自己高揚的自己呈示をやってしまうと、相手は反発したり嫌悪感を持つことが最近のカウンセリング学の研究で発表されました。同じ自己高揚的自己呈示をしても尊敬される人と、自己高揚的自己呈示をしたら嫌われる人がいるというわけです。

話し手と聞き手のラポールのできていない相手にはあまり自慢をしないほうがよいということになります。苦労話をするのは結構。「そのとき本当に苦労したんだ。辞めようかと思ったよ。なんとか乗り越えたけどね」という程度にしましょう。

「そのときは本当に苦労した。けれど、自分は上司に直訴に行って、ものの見事にその苦労をはねのけたんだ。あのときはすごかったなあ」などとまだ気心のしれていない仲間や部下にいうことは控えましょう。自己高揚的自己呈示の自慢に聞こえます。

怒りのコントロール法を身につける

認知症が入っていて、何か言っても守ってくれない高齢者や、若いのに手抜きしているのかと思うくらい同じ間違いをする部下がいると、介護責任者はついイラッとします。人間の喜怒哀楽の中で一番コントロールしにくいのは怒りの感情です。

喜びや悲しみや楽しみの感情は、周りが見ていても気楽だし、それで被害があるということはまずありません。ところが、怒りの感情は必ず相手を不幸にします。相手を傷つけたり、ワッと怒ってしまったことで自己嫌悪に陥る場合もあります。そのために**アンガーコントロール**、あるいは**アンガータクティクス**というテーマは、心理学では長く重要研究テーマになってきました。

パフォーマンス学でもそうです。怒りが自分の心にこみ上げたとき、その怒りはだんだん大きくなって、ついに地下のマグマのように爆発します。爆発してしまえば人に見えるものになって、周りの人にやけどをさせるわけです。そこでマグマが外に爆発する前に、自分でうまくコントロールし、行動に移さないのが大人だといえます。

4つの方法を紹介しましょう。最初の2つは誰でもすぐにできるものです。

第1は「テンカウント法」
第2「ステージ転換法」
第3は「バルコニー法」
第4「論理療法」

第1の「テンカウント法」については、怒りの脳は旧脳に属し、反応が速いので、なんとかして反応を遅らせる工夫です。1から10まで数えてもいい。深呼吸をしてもいい。そばに水があれば水を飲んでもいい。下を向いて靴の紐を結んでもいい。とにかく1から10まで数える時間を置きましょう。そのあいだに冷静さを取り戻しましょう。わりに簡単な方法です。小さな子どもでも、「すぐに怒っちゃダメだよ。10数えてごらん」と教えれば、ちゃんと実行するぐらいです。

第2の「ステージ転換法」は、ちょっとその場から消えることです。トイレに行ってくるとか、外に出て空気を吸ってくるなどがこれです。

そして、**第3の「バルコニー法」**は、ちょうど2階のバルコニーから外でやっている喧嘩を見るように、ちょっと高い視点で怒っている相手のことを見つめてみましょう。「あの人が今、私につらく当たってるのは、先日離婚したばかりで孤独なんだ」とか、「所長が今怒りっぽいのは、彼自身が組織の中で板挟みになっているからだ」というように相手のことがよく見えてきます。

目の前に相手がいるとなかなかできませんが、高い所から見れば、怒りまくっている相手の背景が見えます。自分についてもそうです。違う場所に行ってちょっと考えてみれば、「私がこんなに腹が立ってしまうのは、朝からお腹がすいているからだ」というように、怒りの理由がわかるわけです。

第4はカウンセリング学でアメリカのアルバート・エリスが開発した「**論理療法**」です。論理療法は「ＡＢＣ理論」とあだ名がついていて、わかりやすいです。Ａ（activating event 起きた出来事）、Ｂ（belief 判断）、Ｃ（consequence 結果）。

何か出来事が起きた。それに対してどんな判断をするかで、結果行動が変わるというものです。

例えば入居者が、Ａ「あなたはどうしてそう冷たいの」と怒鳴ったとします。これが起

図6 「論理療法とパフォーマンス」

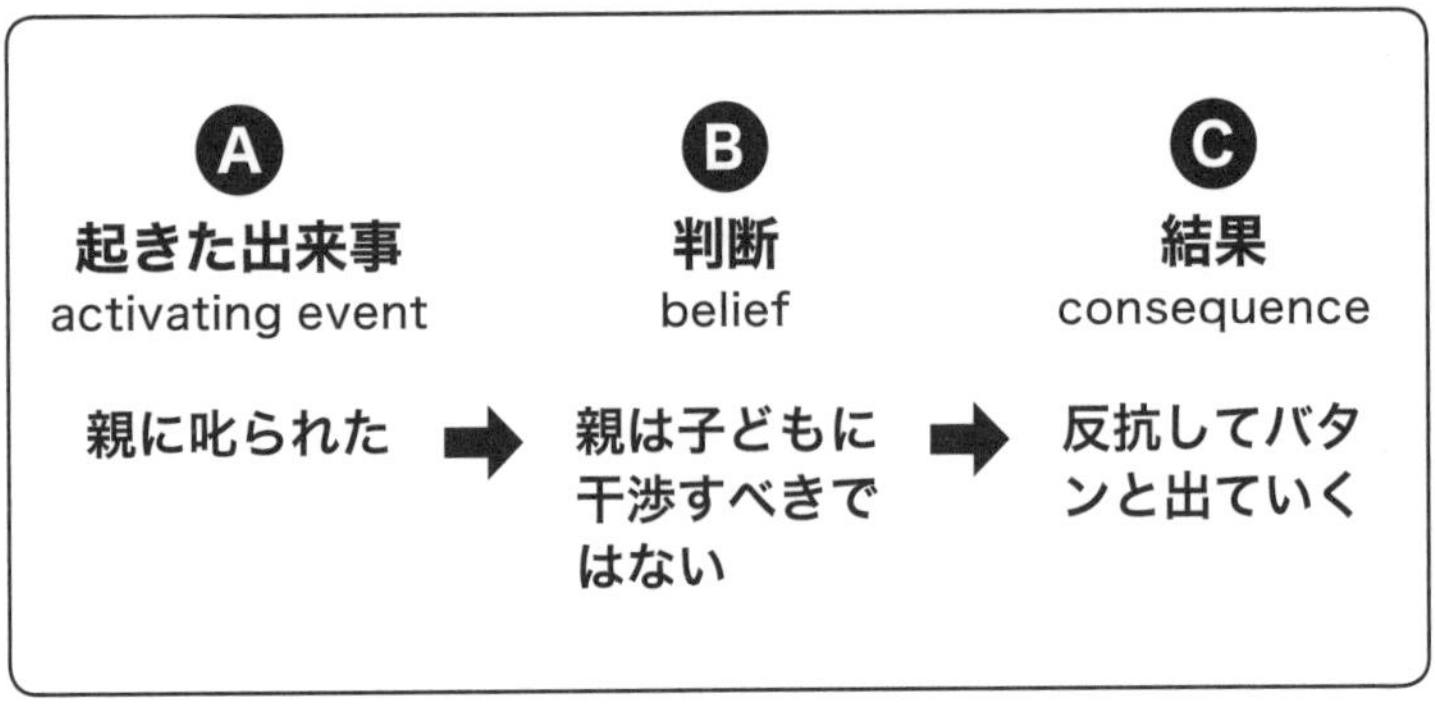

アルバート・エリスの理論にもとづき、佐藤綾子：「演劇福祉論テキスト」、2016

きた出来事です。そこでB「なんてヒステリックな人なんだろう」という判断を通れば、C「ついふくれっつらをしてしまう」ということになります。けれど、判断基準として、「この入居者はきっと日頃、孤独の気持ちを募らせているんだ。そういえば最近、ご主人が亡くなったと聞いたことがある」というビリーフを通れば、結果としては、「あら、本当にうっかりしていました。ごめんなさい」と言うことができます。

起きた出来事に対して、さまざまな判断基準を持つこと。その判断基準は広い視点に立って、この人が怒っているのはこれだけたくさんの理由があると考えたり、私自身が怒っているのはこれだけたくさんの理由がある、といくつもの原因を考えることです。そして、その結果、行動がプラスなものになっていきます。

上司と部下の間で一番よくある例は、

A「上司に叱られた」、B「あの上司は意地悪だ」、C「辞めてやる」ですが、

Bを「上司は自分を伸ばそうとしている」、というふうに受け止めれば、Cは「今度はうまくやって褒めてもらう」となります。

テンカウント法からステージ転換法、バルコニー法、論理療法と練習してみてください（図６）。

謝る時はフェアに謝る

誰だって間違いをします。To err is human, to forgive divine.「過つは人の業、許すは神の業」。

何か失敗することは誰だってあるというわけです。ところが、そのときに謝り方がうまくいかないと、両者の関係は余計ひどくなります。

私のニューヨーク大学大学院の指導教授でパフォーマンス学の世界の第一人者、リチャード・シェクナーは、自分の心と相手の心のあいだにちょっとした隙間ができ、それは危機や対立になり、別れていってしまうというプロセスに対して面白い解決法を示しました。

「分離」(breach)➡「危機」(crisis)➡「繕い直し」(redressing action)➡「再統合」(reintegration)

要するに、相手とちょっとした行き違いが生じるのが「分離」です。よくある話です。「ああ言った」、「いや、聞いてない」というような小さな事柄が多いです。「それはひどい」と言って喧嘩になると「危機」です。ところが、このあとちゃんと上手に謝れば、両者の関係はよりよい「再統合」になるというわけです。

わかりやすくお伝えしましょう。マクドナルドのカサノバ社長が最初にマクドナルドのチキンナゲットにカビが生えていたということで記者会見をしました。2015年の秋です。

「マクドナルドはむしろ被害者だ。その肉は中国から来ている」という謝罪です。鼻の穴を大きく膨らませ、黒いスーツを着て、大きな黒いフレームのついたきつい感じのメガネをかけ、顎を上げて、まさに上から目線でそのスピーチをしたのです。ロングヘアはそのままストンと風になびくような形で下に下ろしていました。謝るというよりは自己正当化の印象が強く、テレビ局の依頼で分析した私も「これは逆効果だ」とすぐ思いました。案の定、その後、マクドナルドは大変な赤字に突入しました。

そして半年後、2回目の謝罪会見がありました。今度は髪をまとめ、黒ぶちのメガネは外して、フレームのない優しい感じのメガネにし、スーツは真っ黒から柔らかい感じのグレーに変わっていました。そして、「集まってくださってありがとう」というお礼を言ってから、「心からお詫びします。これからいろいろな努力をするから、応援してください」と言いました。

たった半年前の謝罪と比べて半年後の謝罪は別人かと思うぐらい心がこもっていました。これで、聞いた人たちは、「マックを食べよう」ともう一度思ったようです。現在は見事な黒字になっています。謝るならば言い訳と一緒に謝ったらダメなのです。

謝るなら謝るに徹しましょう。謝りながら言い訳をすると自己を正当化しているように聞こえ、謝られたほうがちゃんと謝罪された気分になりません。心を込めて謝りましょう。

介護の仕事は常にちょっとした失敗が付き物です。その人に塩分制限があるのに塩分を使ったものを出してしまったとか、ちょっとした言い間違いが発生してしまうことも時にはあるでしょう。そのときに、とにかくきちんと謝ること。「塩分が入ってしまったのは誰かさんのせいだ」というような自己正当化と一緒くたに謝ると、相手は余計気分を悪くします。

天候不順や交通事故で遅れて遅刻した場合も同じです。「今日は電車が遅れたんで」と真っ先に言う人がいますが、それは間違っています。電車が遅れたって、本人が30分前に出ていれば済んだわけですから。明日台風だというような情報があるときでも遅れないスタッフと遅れるスタッフがいることを見れば、それははっきりしているでしょう。

謝るときはとにかく自分が100％責任を取って謝るほうがフェアな感じがして、相手が納得してくれます。

できたら最初から明るいメンバーを選ぶ

介護の仕事は大変ですから、ごく最近はいわゆる引き抜き屋が暗躍して、1つの介護施設から別の介護施設にスタッフを引っ張っていく事例がテレビで紹介されました。

介護は大変だ、大変だと常にいわれるので、介護スタッフをやるという人がいれば誰でも彼でも採用したいという気持ちはわからないではありません。

けれど、介護においては絶対条件が1つあると私は思います。介護スタッフの資質の第一条件は、健康で明るいことです。

心身ともに健康であること、そして明るい表現ができる人、これは第一条件でしょう。グループ全体が楽しく、明るく、優しく入居者に接していても、1人あるいは2人暗い人、悪口を言う人、微笑まない人がいれば、全体のイメージが暗くなります。その人を持ち上げようとすると、ただでさえ介護の仕事がきついのに、別の心理的負担がチームのメンバーにかかってしまいます。

こういう暗い人の言い分は決まっています。「私などたいしたことができませんから」とか、「私はもともとダメなんです」と、一種開き直りのような台詞を口にすることです。こんな言い方を「自己卑下的自己呈示」と呼びます。日本人は謙遜して、「私は何もできません」と言うのが得意ですが、自己卑下は百害あって一利なしです。

チームがうまくいくどころか、チームの負担になるからです。なぜなら「いいえ、そうではないですよ。あなたは暗くない」と言ったり、「もっと暗い人はほかにもいますよ」

などと、否定して抱き起こすような余分なエネルギーが周りの人に必要になってしまうからです。

介護の仕事は毎日が真剣勝負です。「何もできない私ですが、よろしくお願いします」という言葉を社交辞令で言っているならともかく、「本当に何もできません」、「実力がありません」、「どうせ私なんか」と言い続ける人は、チーム全体が前に進むためには、本当は別の仕事に就いてくれたほうがいいのです。

介護者が足りないからといって、そんなところで不適切な我慢をしてしまわないで、やはり介護のメンバーを選ぶときは、明るいこと、心身ともに健康なことを第一条件としましょう。介護には心身ともに体力や気力が必要だからです。最初にネガティブな人を採ってしまうと、その人を平面まで持ち上げ、さらにそこからプラスの方向に至るまで持ち上げなければならないので、周りは仕事以外にとんでもなく負担が増えます。

「共同体感覚」を作れば、職場の幸福感はさざ波のように広がる

孤独な家庭環境に育ったり、一人っ子だったりする人はいくらでもいます。そんなときに一番私たちの助けになるのは、あの心理学者、アルフレッド・アドラーの「**共同体感覚**」という言葉です。最近、たくさんのアドラー研究の本が出て、日本ではこの3年間ほど本当に有名です。

アドラーが最もその基本的精神がわかる本として最初に書いたのは、"The Science of Living"『生きることの科学』という本です。これは1928年にドイツ語で書かれ、1969年に英語になり、2012年に『個人心理学講義――生きることの科学』（発行アルテ）として日本語の訳が出ました。

この中でアドラーは繰り返し言うのです。小さい子どものときから大人になって生涯を終える人間に対して次のように書いています。

「一番最初から共同体感覚を理解することが必要である。なぜなら、共同体感覚は、われわれの教育や治療の中の最も重要な部分だからである。勇気があり、自信があり、リラックスしている人だけが、人生の有利な面からだけでなく、困難からも益を受けることができる。そのような人は、決して恐れたりしない」

自分1人で何かを解決しようと思ってもなかなかできません。でも、自分が周りのみんなに助けられていると感じたり、自分は1人じゃない、誰かから理解されていると感じること。実際に何か起きたときに、人と協力ができること。そのような感覚をアドラーは「共同体感覚」と名付けたのでした。そして、小さい頃から一番最初に身につけたいのが共同体感覚だと指摘したのでした。

確かにそうでしょう。子どもたちを見ていると、例えばみんなでままごとをするとか、海岸で砂山を作るとか、さまざまなことを共同体でやっています。そのときに本当にうれしそうにキャッキャと言って、砂を集めてくる人、それを積み上げる人と自然に分業をやっています。このときに、みんなと一緒だという感覚、共同体感覚を味わっているわけです。それが本当に楽しいのでしょう。

ところが、だんだん大人になると、自分に与えられた目の前の仕事をこなさなければならないので、共同体感覚を忘れてしまいます。

うまくいっているときは、「みんなが一緒に力を合わせてこれをやったんだ」と口に出したり、感じたりしましょう。そして、うまくいってないときは、「私は1人じゃない。仲間がきっと助けてくれる。助けてくれるように自分から声を出そう」と自分に声をかけてあげましょう。

喜びも悲しみも口に出し、問題意識を共有していくこと。そこで生まれる連帯感が職場を明るく力強いものに変えていきます。

介護の仕事は、ほかのどの仕事にも増して、根気と共同体感覚が必要な仕事だと思います。

エピローグ

「悩まないで」

巷に「老人力」ということばがあります。

「力」と名前がつけば「気力」、「体力」、「経済力」、「想像力」など一般的には何となく善きものというイメージです。ところが「老人力」となると私個人の偏見なのか、どうも雰囲気が楽しくないのです。

たとえば、仏教には「生病老死」という言葉があります。「生」は生まれることですからこれはめでたい。でも第二ステップの「病」はあまり嬉しくない「招かれざる客」という感じです。

では「老」は？　これまた、歳を重ねて人生体験とともに知性があがる、という事実をさしおいて、「老化現象」などという言葉を聞いても楽しくない。「シルバーシート」だって、本来は「銀のシート」ですから相当に高価なのに、だれもそう思っていないでしょう。

そこで本書では「高齢力」という言葉をデビューさせることにしたのです。避けがたい人生の第3ステップとしてではなく、人間が自尊心をもって自在に創造する高齢期の新しい力として。

すると、私の生来の研究者グセが「書くならデータを採れ」と心で命じます。もともと「パフォーマンス心理学」の日本における創始者として、誰も認める人のいない中で数々の実験やアンケートと文献調査と出版を重ねてこれを「自己表現の科学（サイエンス）」としてやっと日本に根付かせたといういきさつがあります。

以来介護施設をまわり、講演や研修で介護従事者や入居者と話すこと4年。本著で紹介した「高齢者における笑いの効果の実験研究」もその一環です。「高齢者は笑いが少ない」という諸説に反して、75歳平均の被験者たちが大いに笑い、血中酸素濃度や表情筋まで活発化してスピーチが止まらなくなったのは素敵な発見でした。

「生病老死」の中で、生と死はセット販売としても、「老」については、なるべく明るく楽しく歳をとり、本書で書いた「高齢力」を武器にして、お互い介護の負担を少なくしていくこと。一方介護する人もまた本書の様々な工夫で介護を最大限ポジティブな仕事に変えていくこと。

この二つの願いが多少でも読者の皆様のお役に立つ形で実現したらとても光栄です。

２０１７年　みのりの秋に　佐藤綾子

【関連諸団体とその連絡先】

❶「佐藤綾子のパフォーマンス学講座®」
（内閣府認可　（社）パフォーマンス教育協会後援団体）

連絡先 国際パフォーマンス研究所
〒156-0045　東京都世田谷区桜上水4-18-26
Tel：03-5357-3855　Fax：03-3290-0590
HP：http://www.spis.co.jp/
E-mail：spis@spis.co.jp

1994年に創立された、長年の歴史と高い評価を誇る、社会人のための自己表現能力向上セミナーです。公認パフォーマンスカウンセラー資格、内閣府認可団体社団法人パフォーマンス教育協会認定インストラクター資格を取得できます。1講座を聴講できる特別公開講座もあります。入学案内書をお送りいたします。

❷「社団法人パフォーマンス教育協会（国際パフォーマンス学会）」
（内閣府認可）

連絡先 社団法人パフォーマンス教育協会
〒156-0045　東京都世田谷区桜上水4-18-26
Tel：03-5357-3858　Fax：03-3290-0590
HP：http://www.ipef.jp/
E-mail：shadan@spis.co.jp

1992年10月に創立された、日本初の産学共同体制の学会です。コンベンション、勉強会、ワークショップ等を行い、会員には機関誌、ニューズレターを配布します。入会案内書をお送りいたします。

佐藤綾子（さとうあやこ）

博士（パフォーマンス心理学）。長野県生まれ。1969年、信州大学教育学部卒業。ニューヨーク大学大学院パフォーマンス研究学科修士課程修了。上智大学大学院博士課程満期修了。日本大学藝術学部教授を経て、2017年よりハリウッド大学院大学教授。国際パフォーマンス研究所代表、「佐藤綾子のパフォーマンス学講座®」主宰。自己表現研究の第一人者として、首相経験者を含む54名の国会議員や累計4万人のビジネスリーダーやエグゼクティブのスピーチコンサルタントとして信頼を集めている。「自分を伝える自己表現」をテーマにした「部下のやる気に火をつける33の方法」（日経BP社）など著書は188冊を超える。

社会人のための「伝える力」を養う常設セミナーを開催
「佐藤綾子のパフォーマンス講座®」
1994年創立。長い歴史と高い評価を誇る「自己表現力向上」のためのセミナー。3カ月の基礎コース卒で「ピア・パフォーマンスカウンセラー」、上級コース卒で「公認パフォーマンスインストラクター」の資格取得が可能。
国際パフォーマンス研究所　http://www.spis.co.jp/

介護も高齢もこわくない――みんなが楽しくなるパフォーマンス心理学52のヒント

2017年 10月 20日　　初版　第1刷発行

著　者　佐藤《さとう》　綾子《あやこ》
発行人　影山　博之
編集人　向井　直人
発行所　株式会社 学研メディカル秀潤社　〒141-8414 東京都品川区西五反田2-11-8
発売元　株式会社 学研プラス　〒141-8415 東京都品川区西五反田2-11-8
印刷製本　共同印刷株式会社

この本に関する各種お問い合わせ先
【電話の場合】●編集内容については Tel 03-6431-1231（編集部）
●在庫，不良品（落丁，乱丁）についてはTel 03-6431-1234（営業部）
【文書の場合】●〒141-8418　東京都品川区西五反田2-11-8
学研お客様センター『介護も高齢もこわくない』係

編集担当：早川恵里奈　表紙デザイン：小口翔平+山之口正和（tobufune）
本文デザイン・DTP：児島明美　本文イラスト：平澤南、百田美賀